大学生体育运动与健康教育发展

徐新利 著

中国纺织出版社有限公司

图书在版编目（CIP）数据

大学生体育运动与健康教育发展／徐新利著．－－北京：中国纺织出版社有限公司，2023.10
ISBN 978-7-5229-1202-8

Ⅰ.①大… Ⅱ.①徐… Ⅲ.①大学生-体育运动-研究②大学生-健康教育-研究 Ⅳ.①G807.4②G647.9

中国国家版本馆 CIP 数据核字（2023）第 205362 号

责任编辑：张 宏 责任校对：高 涵 责任印制：储志伟

中国纺织出版社有限公司出版发行
地址：北京市朝阳区百子湾东里 A407 号楼 邮政编码：100124
销售电话：010—67004422 传真：010—87155801
http://www.c-textilep.com
中国纺织出版社天猫旗舰店
官方微博 http://weibo.com/2119887771
三河市延风印装有限公司印刷 各地新华书店经销
2023 年 10 月第 1 版第 1 次印刷
开本：710×1000 1/16 印张：13
字数：206 千字 定价：98.00 元

凡购本书，如有缺页、倒页、脱页，由本社图书营销中心调换

前言 / Preface

  随着经济和社会的发展以及教育改革的深入，大学体育课程的教学已从早期的基础课模式，发展到今天的选项课模式。在《全国普通高等学校体育课程教学指导纲要》的指导和体育教师的辅导下，学生自主选择体育运动项目。大学是人生中绚丽多彩、值得一生回忆的重要阶段，也是进一步打好体质健康基础、养成良好生活习惯以及锻炼健身习惯、掌握科学健身方法的重要时期。大学阶段养成良好的健身习惯以及掌握科学的健身方法，将会终身受益。

  本书是对大学生体育运动与健康教育的综合阐述，大学体育教育是高等教育的重要组成部分，书中论述了科学健身与运动保健、大学生身体素质训练研究、大学生运动技术研究、大学生体育与健康教育发展。全书内容全面，以促进大学生体育运动与身体健康为主线，引导大学生在学习掌握运动技术的同时，养成主动参与运动和终身体育的意识，培养良好的团队精神和鲜明的个性气质。此外，还分析了大学生体育与健康教育的发展趋势，适合大学生和相关专业人员学习和阅读参考。

  本书内容参考了国内外大量的文献资料，并引用了众多体育学者的研究成果，在此深表感谢！

  本书虽然经过多次讨论和修改，但因作者水平有限，仍存在一些不足之处，恳请读者指正。

徐新利
2023 年 6 月

目录 / Contents

第一章　绪　论 ………………………………………………………… 1
　　第一节　体育与健康 ……………………………………………… 1
　　第二节　体育对健康的影响 ……………………………………… 8
　　第三节　健康与管理 ……………………………………………… 12

第二章　科学健身与运动保健 ………………………………………… 23
　　第一节　科学健身的理论与方法 ………………………………… 23
　　第二节　运动保健与医务监督 …………………………………… 34
　　第三节　体育运动与疾病预防 …………………………………… 40

第三章　大学生身体素质训练研究 …………………………………… 45
　　第一节　力量与速度素质训练 …………………………………… 45
　　第二节　耐力素质训练 …………………………………………… 51
　　第三节　灵敏和柔韧素质训练 …………………………………… 60
　　第四节　核心力量训练 …………………………………………… 78

第四章　大学生运动技术研究 ………………………………………… 85
　　第一节　田径运动 ………………………………………………… 85
　　第二节　球类运动 ………………………………………………… 95

第三节　形体健身运动 ································· 137
第四节　游泳与冰上运动 ······························· 154

第五章　大学生体育与健康教育发展 ························· 169

第一节　体育教学模式发展分析 ························· 169
第二节　体育课程实施的模式与构建 ····················· 173
第三节　中国体育教学的改革趋势 ······················· 176
第四节　高校体育健康教育的可持续 ····················· 189

参考文献 ··· 197

第一章 绪 论

第一节 体育与健康

一、体育的概念与功能

(一) 体育的概念

体育作为一种社会现象,是根据人类社会发展中生产和生活的需要,逐步发展和演进的。在人类社会的发展中,体育经历了一个由萌芽到发展的不断完善和提高的过程。

体育是人类生存发展的产物,是教育的组成部分,有着向后代传授劳动技能、增强体能以及促进身体健康发展的功能。《现代汉语词典》将体育解释为:一是以"发展体力,增强体质"为主要任务的教育,通过参加各项运动来实现,如体育课。二是指体育运动,体育运动又解释为锻炼身体、增强体质的各种活动,包括田径、体操、球类、游泳、武术、登山、射击、滑冰、滑雪、举重、摔跤、击剑、自行车等各种项目。

从历史上看,19 世纪 60 年代由欧洲传入的"体育"(Physical Education)一词,其含义是指同维持和发展身体的各种活动有关联的一种教育活动。体育运动又是人类的文化现象之一,包含着和平、健康与人性涵养等多元属性。随着人类社会的不断进步和体育实践的日益丰富,出现了体育教育、竞技运动和身体锻炼三个既有区别又相互联系的内容,并逐渐形成与教育、文化相并列的新体系。原指体育教育的"体育"概念已不能涵盖具有相对独立体系的"竞技运动"和"身体锻炼"。当今,从社会学的角度看,广义的体育概念是:体育是以发展身体、增强体质、促进健康为基本特征的教育过程和社会文化活动,它是一种特殊的社会现象,包含体育教育、竞技体育、身体锻炼三个方面内容。

体育教育：它是现代学校教育的重要组成部分，是全面发展人的身体，增强体质，传授体育基本知识、技术和技能，提高运动技术水平，培养良好道德品质和坚强意志品质的一种有计划、有目的、有组织的教育过程。学校体育作为体育和教育的交叉点和结合部，是整个国家教育事业发展的战略重点。它与德育、智育、美育密切配合，培养全面发展的人，为人们终身进行体育锻炼创造良好的条件和培养浓厚的兴趣。

竞技体育：竞技体育亦称竞技运动，它是在体育实践中派生出来的。竞技运动"Sport"原出于拉丁语"Cisport"，指"离开工作"进行游戏和娱乐活动。是为了最大限度地发挥个人和集体在体格、体能、心理及运动能力等方面的潜力，以取得优异成绩为目标而进行的科学系统的训练和竞赛活动。竞赛活动按一定的规则进行，争夺激烈、对抗性强、有较高的观赏性。它追求"更高、更快、更强"目标的同时，又提倡"公平竞争"和"参与比取胜更重要"等原则。竞技运动在丰富人们社会文化生活、促进各类体育运动发展中起着非常重要的作用。

身体锻炼：是指以健身、娱乐、休闲、医疗和康复为目的，开展的内容丰富、形式多样、因人而异的一种群众性的健身活动。活动方式灵活多样，它的对象主要是一般民众，其中包括男女老幼及伤病残者，活动领域遍及整个社会，所以堪称活动内容最广、表现形式多样、适应性较强、参加人数最多的一项群众性体育活动。在活动中追求自我娱乐和精神放松，是现代人在闲暇时间的一项重要活动，也是提高生活质量和健康标准不可缺少的内容。

（二）体育的功能

体育的功能是指体育对人类自身及其社会的作用，它是在体育的生物效应和社会效应上衍生出来的，它随着时代的进步和社会发展的需要而变化。一般说来，体育的功能表现在以下几个方面。

1. 健身功能

体育的本质是身体活动，现代科学技术的发展使人们的体力活动大大减少，缺乏运动使人们处于亚健康状态。人体在运动时产生一系列的生理和心理变化突出表现为健身强体的本质功能。

（1）改善和提高中枢神经系统的机能。

大脑是人体各种活动的指挥中心，耗氧量却只占全身总耗氧量的25%，长期从事脑力劳动会使人头昏脑涨，就是由于血液循环慢，大脑供氧不足所致。经常参加体育锻炼，能使大脑获得更多的氧气，改善大脑的供血、供氧情况，提高大脑兴奋性，从而增强记忆力。体育活动中神经系统的均衡性和灵活性加强，对刺激的反应更迅速、准确，能够提高大脑的综合能力，改善身体的机能。

（2）促进肌体生长发育，提高运动能力。

经常从事体育运动的青少年比一般青少年身高增长快、骨骼粗、骨密质厚，抗弯、抗折、抗压能力更强。体育运动使青少年肌肉发达，进而改善肌肉的血液供给情况，丰富肌肉的营养物质，特别是蛋白质含量，使肌肉体积增大、工作能力增强。

（3）促进人体内脏器官，特别是心血管构造的改善和体能的提高。

体育运动使人体摄取、消耗的能量增加，新陈代谢旺盛，血液循环、呼吸、消化、排泄等系统的机能得到改善。心跳的每搏输出量增加，心跳频率减少，心脏工作出现"节省化"现象。不仅如此，体育运动还能使心壁增厚，心肌增强，心容积增大。体育锻炼能促使血管的弹性增强，紧张性降低，对血管硬化和高血脂疾病有防治作用。

（4）提高人体的适应能力。

人体的适应能力，就是人体与外界环境保持平衡的能力。肌体内部的各种生命活动，随时都在破坏或保持（调节）内部的平衡。人体的适应能力是在各种环境变化中培养出来的，只有经常到大自然中进行体育锻炼，才能达到"适应"的效果。

（5）防病治病，延缓衰老，延年益寿。

人的生老病死是不可抗拒的客观规律，但是人的体质好坏、衰老的快慢是可以控制的，坚持经常的、科学的体育锻炼可以防治疾病，延缓衰老。经研究证明：不锻炼的人30岁起身体机能就开始下降，到55岁身体机能只相当于他最健康时期的三分之二，而经常锻炼的人到50岁左右身体机能仍相当稳定。

（6）调节人的心理，使人朝气蓬勃，充满活力。

参加体育运动能使人心情舒畅、精神愉快，使某些不健康的情绪和心理得到调整。经常参加体育活动的人兴趣广泛，性格开朗，有良好的气质。

2. 教育功能

人刚出生只是个生物意义上的人，若使之成为社会需要的人，必须经过不断学习，接受各种教育使他的价值得到社会和群体的承认。在这个人不断社会化的过程中，体育起着非常重要的作用，体育的教育功能表现在以下几个方面。

（1）掌握基本生活技能。

提高人口素质，首先要从幼儿、青少年抓起，推行快乐体育教育，使他们在玩中通过爬、站立、走、跑、跳、投、攀、搬运等动作学习最基本的生活技能；同时，通过模拟成人的各种活动、角色、行为学习适应社会生活的能力。

（2）学习社会规范，发展人际关系。

体育运动是一种人与人相互接触交往、相互影响和作用的社会互动过程。在体育活动中，特别是体育竞赛中，参观者之间、参加者之间、集体之间无不频繁地交互作用。

活动时由于生理、心理、情绪等方面的变化每时每刻都对参加者提出思想品德方面的考验。如长跑出现"极点"是坚持还是半途而废，裁判员出现误判、漏判是宽容大度还是斤斤计较，集体配合失利是鼓励还是抱怨等，这些都是自我教育或接受教育的良好契机。通过参与体育活动可以使青少年学会正确处理人际关系，养成遵守社会规范的习惯。

（3）学习文化科学知识，掌握运动技能。

体育知识是人类科学文化知识宝库中的一部分。通过体育运动，可使人们掌握有关身心健康和体育运动方面的知识以及运动技能，满足他们不断增长的精神需求，学会科学、健康的生活方式，提高生活质量。

（4）培养竞争精神。

竞争精神是现代人的一项重要的素质。竞争是体育的特性之一，在体育教育或运动竞赛中，始终贯穿着竞争和向上的精神。在体育活动中，人们不仅在身体上得到锻炼，也同时在思想上得到锻炼。体育运动员要敢于拼搏，敢于创新，努力超过别人，培养一种积极的竞争精神。

（5）激发爱国热情，振奋民族精神。

国际体育比赛中为优胜者升国旗、奏国歌，那激动人心的时刻使人热血沸腾，顿生一种强烈的民族自豪感，是生动、富于感染力的爱国主义教育。例如在雅典奥运会上，刘翔跑出了中国人的士气，振奋了民族精神，使全世界人刮目相看。

3. 娱乐功能

体育运动具有技术性、艺术性、惊险性、对抗性、配合默契性、易于接受的朴素性和娱乐性等特点，能够充分满足人们的精神需要。体育的娱乐功能可以通过以下两个方面实现。

（1）观赏。

体育文化所表现的人体美、健康美、韵律美，给人以极大的美的体验，使人产生一种愉悦的心理感受。

花样滑冰运动员申雪、赵宏博在一曲悠扬的《图兰朵》的伴奏下翩翩起舞，演绎完美的体育美。跳水、花样游泳、体育舞蹈、篮球、足球等体育运动表现出的高、精、尖、难的技术水平，给人们带来赏心悦目的刺激与欢乐。

通过观赏体育运动可以扩大人们的知识面。如篮球的"212""122""131"等战术体系，足球"433""442""451"等战术内容，这些都属于体育运动的知识范畴。

需要注意的是，在观赏体育运动的过程中可以见到场内场外的各种社会行为，作为一名观赏者，保持正确的立场、观点才能对体育运动中所表现的各种行为做出正确的鉴别与评价，从精神上得到升华，促进精神文明建设。

（2）参与的快乐。

人们通过参与体育运动，在结合自然力（日光、空气、水）来锻炼身体的过程中，在与同伴的默契配合中，在与对方斗智斗勇的对抗中，体验到一种美妙的快感和心理上的满足感，愉悦身心。

4. 政治功能

体育运动受一定的社会政治条件影响和制约，为社会服务，具有很强的政治功能。体育自古以来与政治密切相关，古代奥运会的形成和发展，明显标志出体育竞赛是各城邦之间显示实力的一种竞争，具有增强国民凝聚力的功能。体育运动具有群众性，能够为群众提供聚会的机会，使人们在参加这些活动的过程中加强人际交往、增进感情，促进各民族之间的团结。

5. 经济功能

随着社会的发展，体育的经济价值被越来越多的人理解和接受。一个人身体是否健康直接影响工作效率，影响生产力的发展，影响社会的经济效益，也影响个人的经济收入和支出。体育的发展必然促进相关产业的发展，从而促进社会经济的发展。

（1）身体健康带来了经济效益。

人的体质弱、健康状况不好会影响到学习、工作和生活，甚至会给家庭及社会带来经济负担。所以身体健康有重大经济意义和作用。

（2）促进体育相关产业的发展。

随着社会的进步与发展，体育的消费是多方面的，包括服装、器材、设备、报刊、观看比赛、参加体育俱乐部等。随着人们对身体健康的要求越来越高，投入相关产业的消费也越来越高。消费促进生产，一些与体育相关的产业也会兴起和发展。

（3）体育竞技比赛产生巨大的经济效益。

体育的经济功能在大型竞技比赛中表现得尤为突出。大型竞技比赛是获取经济效益的机会和手段。比如：1992 年巴塞罗那奥运会盈利 5000 万美元；2000 年悉尼奥运会盈利 17.56 亿美元；2004 年雅典奥运会给雅典带来了 100 亿欧元的经济活力。除此之外，世界上比较有名气的足球俱乐部，例如皇家马德里、曼联、AC 米兰三家足球俱乐部平均每年盈利 2 亿欧元以上。

二、健康的概念及标准

（一）健康的概念

1. 健康概念的演变

"健康"通常被简单扼要地定义为"机体处于正常运作状态，没有疾病"，这是传统的健康概念。通常我们把疾病看成是机体受到干扰，导致功能下降，生活质量受到损害（主要由肉体疼痛引起）或早亡。《辞海》中健康的概念是："人体各器官系统发育良好、功能正常、体质健壮、精力充沛并具有良好劳动效能的状态。通常用人体测量、体格检查和各种生理指标来衡量。"这种提法虽然提出了"劳动效能"这一概念，但仍未把人当作社会人来对待。这种对健康的认识，在生物医学模式时代被公认是正确的。

关于健康和疾病的概念，《简明不列颠百科全书》1987 年中文版的定义是："健康，是个体能长时期地适应环境的身体、情绪、精神及社交方面的能力""健康可用可测量的数值（如身高、体重、体温、脉搏、血压、视力等）来衡量，但其标准很难掌握"。"疾病，是已产生症状或体征的异常生理或心理状态"，是"人体在致病因素的影响下，器官组织的形态、功能偏离正常标准的状态"。这一概念虽然在定义中提到心理因素，但在测量和疾病分类方面没有具体内容。可以说这是从生物医学模式向生物、心理、社会医学模式过渡过程中的产物。一方面，这种转化尚缺乏足够的临床实践资料提供理论的概括；另一方面撰写者虽然接受了新的医学模式的思想，但难以作进一步的理论探讨。因此，它还没有完全超越1946年世界卫生组织（WHO）成立时在它的宪章中所提到的健康概念："健康乃是一种在身体上、心理上和社会上的完好状态，而不只是没有疾病或虚弱的状态。"事实上，要对此做出确切的定义很难，因为即使没有明显的疾病，人对健康或不健康的感觉也具有很大的主观性。毫无疑问，觉得身体健康，不等于身体没有病。世界卫生组织关于健康的这一定义，把人的健康从生物学的意义，扩展到了精神和社会关系两个方面，把人的身心、家庭和社会生活的健康状态均包括在内。

2. 健康的含义

现代健康的含义不仅是指身体没有病而已，根据世界卫生组织的解释：健康不仅指一个人身体没有出现疾病或虚弱现象，更是指一个人在生理上、心理上和社会上的完好状态，这就是现代关于健康的较为完整的科学概念。现代健康的含义是多元的、广泛的，包括生理、心理和社会适应性三个方面，其中社会适应性归根结底取决于生理和心理的素质状况。心理健康是生理健康的精神支柱，生理健康又是心理健康的物质基础。良好的情绪状态可以使生理功能处于最佳状态，反之则会降低或破坏某种功能而引起疾病。生理状况的改变可能带来相应的心理问题，生理上的缺陷、疾病，特别是痼疾，往往会使人产生烦恼、焦躁、抑郁等不良情绪，导致各种不正常的心理状态。生理和心理是紧密依存的两个方面。

（二）健康的标准

世界卫生组织衡量是否健康的十项标准是。

①精力充沛，能从容不迫地应对日常生活和工作；
②处事乐观，态度积极，乐于承担任务，不挑剔；
③善于休息，睡眠良好；

④应变能力强，能适应各种环境变化；
⑤对一般感冒和传染病有一定的抵抗力；
⑥体重适当，体态均匀，身体各部位比例协调；
⑦眼睛明亮，反应敏锐，眼睑不发炎；
⑧牙齿洁白，无缺损，无疼痛感，牙龈正常，无蛀牙；
⑨头发光洁，无头屑；
⑩肌肤有光泽，有弹性，有活力。

根据前述世界卫生组织对健康的定义，健康不仅是指没有疾病或病痛，也是一种身体上、精神上和社会上的完全良好状态，也就是说健康的人要有强壮的体魄和乐观向上的精神状态，并能与其所处的社会及自然环境保持协调的关系。

此外，为激发公民参加体育锻炼的积极性和主动性，提高身体素质，根据《中华人民共和国体育法》和《全民健身条例》，我国制定了《国家体育锻炼标准施行办法》。该办法规定的《国家体育锻炼标准》（以下简称《锻炼标准》）是以检验公民体育锻炼的效果、评价身体素质为目的，以测验达标为手段的评价体系。《锻炼标准》包括年龄分组、测验项目、评级标准、评分标准和测验细则五部分。实施《锻炼标准》是一项基本体育制度，由有关部门负责，在国家机关、企业事业单位、学校、社区、乡村和有关组织中全面开展。国家鼓励和提倡公民在积极参加体育锻炼的基础上定期参加《锻炼标准》测验，争取达到标准并不断提高。《国家体育锻炼标准施行办法》为广大人民参与体育锻炼提供了法律依据和执行标准。

第二节 体育对健康的影响

一、体育对生理健康的影响

人体由神经系统、循环系统、呼吸系统、运动系统、消化系统、排泄系统、生殖系统、内分泌系统和感觉器官等组成。体育锻炼由人体各器官和系统协调配合完成，同时，体育锻炼又对各器官和系统产生良好影响。

（一）体育锻炼与消化系统

消化系统由消化管与消化腺组成。消化系统可把食物转化为身体所需要的营养物质，将它们送入淋巴和血流，以供身体生长和维持生命，并将代谢过程中的残渣排出体外。经常参加体育锻炼，对消化系统的机能有良好的促进作用，可使胃肠的蠕动增强，消化液的分泌增多；也能增加人体对食物的欲望和需要量，有利于强健体魄。

（二）体育锻炼与神经系统

神经系统包括中枢神经系统和周围神经系统。中枢神经系统是指挥整个机体活动的"司令部"。人体的一切活动都是神经系统的反射活动，都是经过感知、分析、判断、做出反应这个过程来完成的。经常参加体育锻炼可以改善和提高神经系统的反应能力，使之思维敏捷，身体更协调；还能有效地消除脑细胞的疲劳，提高学习和工作效率。

（三）体育锻炼与运动系统

运动系统又称骨骼肌肉系统，由骨骼、关节和肌肉构成。经常参加体育锻炼可促进骨骼的生长发育，使骨密质增厚，骨变粗，骨面肌肉附着处凸起明显，骨小梁的排列由于张力和压力更加整齐有规律。这是骨的新陈代谢加强，骨的血液循环得到改善，从而在形态结构上产生良好变化的结果。经常参加科学的体育锻炼，可使人体关节的机能得到提高，关节面骨质增厚，提高人体对运动负荷的承受能力；关节面软骨增厚，既加大了关节的稳固性，又提高了关节的运动缓冲能力；关节囊增厚，加固关节；关节囊内层的滑膜层分泌滑液功能提高，减少软骨之间的摩擦；关节滑膜囊与滑膜皱襞的形态、结构发生良好变化，避免关节面过大的撞击和摩擦；关节周围肌腱和韧带增粗，加强了关节的稳固性，提高了运动能力。经常参加锻炼可使肌肉体积明显增大，肌肉的工作能力大大提高，肌肉灵活协调、反应迅速、准确有力、耐久高效；还可以消除多余脂肪，防止肥胖症。

（四）体育锻炼与心肺循环系统

在人体的各器官系统中，由呼吸系统与心血管系统组成的人体氧运输系统（心肺系统），对人的健康及生命活动有十分重要的作用。人体通过心肺循环系统将氧气和营养物质源源不断地输送到人体的各个细胞，同时将其代谢产物向体外运输与排出，这是维持人体新陈代谢的基础。现代科学研究证明，体育锻炼对人体器官系统的影响有双向效应。一方面，我们要肯定科学的体育锻炼对人体器官系统能产生良好的影响；另一方面，如果体育锻炼违背了客观规律，也会有害健康。盲目锻炼对人体的健康促进作用很小，甚至还可能使锻炼者产生损伤、疲劳等症状，严重损伤身体机能。因此，我们必须在科学原理指导下进行有规律的运动。

二、体育对心理健康的影响

大量研究表明，体育锻炼能消除人的紧张情绪，发泄内心的冲动、烦闷和无聊，提高人的自信心和责任感，满足人与人之间交往的需要，磨炼人的性格和意志。经常参加体育锻炼，能放松人们紧张的精神状态，提高自信心，消除沮丧和失望情绪。这是保持和促进心理健康，消除心理疾病的重要方法。体育锻炼对心理健康的积极影响主要表现在以下几个方面。

（一）改善情绪状态

情绪状态是衡量体育锻炼对心理健康影响的最主要的指标。人生活在错综复杂的社会中，经常会产生忧愁、紧张、压抑等情绪反应，体育锻炼则可以转移个体不愉快的意识、情绪和行为，使人从烦恼和痛苦中摆脱出来。大学生常因名目繁多的考试、相互间的竞争以及对未来工作的担忧而产生持续的焦虑反应，经常参加体育锻炼可以缓解焦虑。

（二）提高智力功能

经常参加体育锻炼可以提高自己的智力功能，不仅使锻炼者的注意力、记忆力、反应力、思维和想象力等得到提高，还可以使其情绪稳定、性格开朗、疲劳感下降等，这些非智力成分对人的智力功能具有促进作用。

（三）确立良好的自我概念

自我概念是个体主观上对自己的身体、思想和情感等的整体评价，它是由许许多多的自我认识组成的，包括"我是什么人""我主张什么""我喜欢什么""我不喜欢什么"等。坚持体育锻炼可使体格强健、精力充沛，体育锻炼对于改善人的身体表象和身体自尊（自尊指自我概念的积极程度）至关重要。身体表象是指头脑中形成的身体图像。身体表象障碍在正常人群中是普遍存在的。身体自尊主要包括一个人对自己运动能力的评价，对自己身体外貌（吸引力）的评价，以及对自己身体的抵抗力和健康状况的评价。身体表象和身体自尊与整体自我概念有关，无论男性还是女性，对身体表象的不满意都会使个体自尊变低,并产生不安全感和抑郁症状。有研究表明,肌肉力量与身体自尊、情绪稳定性、外向性格和自信心呈正相关,并且加强力量训练会使个体的自我概念显著增强。

(四) 培养坚强的意志品质

意志品质指一个人的果断性、坚韧性、自制力以及勇敢顽强和主动独立等精神,意志品质既是在克服困难的过程中表现出来的,又是在克服困难的过程中培养起来的。在体育锻炼中要不断克服客观困难(如气候条件的变化、动作的难度或意外的障碍等)和主观困难(如胆怯和畏惧心理、疲劳和运动损伤等),锻炼者越能努力克服主、客观方面的困难,也就越能培养良好的意志品质。

(五) 消除疲劳

疲劳是一种综合性症状,与人的生理和心理因素有关。当一个人的情绪消极,或任务超出个人的能力时,不论是生理上还是心理上都会很快感到疲劳。大学生持续紧张的学习压力极易造成身心疲劳和神经衰弱,保持良好的情绪状态和参加中等强度的体育锻炼则可以使他们身心得到放松。

(六) 治疗心理疾病

体育锻炼被公认为是一种心理治疗方法。美国的一项调查显示,在1750名心理医生中,80%的人认为体育锻炼是治疗抑郁症的有效手段之一,60%的人认为应将体育锻炼作为一种治疗方法来消除焦虑症。在大学生中,有不少人由于学习和其他方面的挫折而引起焦虑症和抑郁症,通过体育锻炼可以减缓或消除这些心理疾病。

大学生是社会发展的希望,是现代化建设的未来主力军,而心理健康是大学生全面发展必须具备的条件和基础,拥有健康的心理素质是当代大学生成长及成才的重要保证。体育锻炼作为一种改善心理环境、增强心理健康的重要手段,是其他任何方式都无法代替的。大学生应自觉加强自身修养,充分发挥体育锻炼对自己身心协调发展的重要作用,促进心理的健康发展。

三、体育锻炼与人的社会适应能力

社会学家告诉我们体育运动中传播的精神、原则、体育道德等,具有很高的社会理想价值。体育锻炼中树立的公正、守法、民主、竞争、协作、团结、友谊、谦虚、诚实等道德观念，是社会不可缺少的文化，对于青少年乃至全体社会成员都具有教育意义。

（一）规范行为

体育运动中有各种明确而详细的行为规范，如奥林匹克精神和原则、体育道德规范、比赛规则、竞赛规程等。这些规范是体育运动得以开展的必要条件，而行为规范的培养是学生进入社会前必不可少的社会化过程。这一过程可以视为对社会法规和伦理道德的模拟学习过程，有助于他们理解遵守社会规范的意义和重要性。

（二）培养自立能力

确定体育目标并为实现这一目标而努力的过程，有助于培养运动者积极的人生态度，使他们具有更强的独立性和自理能力。

（三）体验不同的社会角色

一个人要符合社会的要求取得社会成员的资格，就必须学会接受适当的社会角色。而各种体育运动的场合，则有机会让学生体验不同的角色和懂得"做什么、怎么做"的社会意义，为他们走向社会打下基础，从而让其体验出人的主观努力是改变社会地位的重要意义。

（四）体育锻炼是"情商"训练的有效途径

体育锻炼对人体健康的促进作用是多方面的，如生理、心理、社会适应和创造力。

第三节　健康与管理

一、影响健康的因素

世界卫生组织经研究发现，在影响个人健康和寿命的四大因素中：生物学基础占15%、环境因素占17%、卫生保健服务占8%和行为与生活方式占60%。

（一）生物学因素

生物学因素是指遗传和心理。人是由分子、细胞、组织、器官和系统构成的超高度复杂的个体，机体自身完成一系列生命现象：新陈代谢、生长发育、防御侵袭、免疫反应、修复愈合、再生代偿等，按照亲体的遗传模式进行世代繁殖。遗传不是可改的因素，但心理因素可以修改，保持积极的心理状态是保持和增进健康的必要条件。影响健康的生物学因素包括由病原微生物引起的传染病和感染性疾病；某些遗传或非遗传的内在缺陷、变异、老化而导致个体发育畸形、代谢障碍、内分泌失调和免疫功能异常等。在社区人群中，特定的人群特征如年龄、民族、婚姻、对某些疾病的易感性、遗传危险性等，是影响该社区健康水平的生物学因素。

（二）环境因素

环境因素是指以人为主体的外部世界，或说围绕人们的客观事物的总和，包括自然环境和社会环境。自然环境包括阳光、空气、水、气候、地理等，是人类赖以生存的物质基础，是人类健康的根本。保持自然环境与人类的和谐对健康十分重要，受到污染的环境必然对人体健康造成危害，其危害机制比较复杂，一般具有浓度低、效应慢、周期长、范围大、人数多、后果重以及多因素协同作用等特点。社会环境包括社会制度、法律、经济、文化、教育、人口、民族、职业等，也包括工作环境、家庭环境、人际关系等。疾病的发生和转化会受社会因素的影响和制约，环境因素影响人们生活方式的选择。

（三）卫生保健服务因素

卫生保健服务因素指社会卫生医疗设施和制度的完善状况。卫生服务的范围、内容与质量，直接关系到人的生、老、病、死及由此产生的一系列健康问题。初级卫生保健是世界卫生组织于1978年9月在苏联的阿拉木图召开的国际初级卫生保健大会上提出的概念。《阿拉木图宣言》给初级卫生保健下的定义是：初级卫生保健是依靠切实可行，学术上可靠又受社会欢迎的方法和技术，通过社区的个人和家庭的积极参与普遍能享受的，并本着自力更生及自决精神在发展的各个时期群众及国家能够负担得起的一种基本的卫生保健。初级卫生保健包含以下8项要素：

①对当前主要卫生问题及其预防和控制方法的健康教育；
②改善食品供应和合理营养；
③供应足够的安全卫生的水和基本环境卫生设施；

④妇幼保健和计划生育；

⑤主要传染病的预防接种；

⑥预防和控制地方病；

⑦常见病和外伤的合理治疗；

⑧提供基本药物。

（四）行为与生活方式因素

行为与生活方式因素是指人们受文化、民族、经济、社会、风俗、家庭和同辈影响的生活习惯和行为，包括不良生活方式与危害健康行为。生活方式是指在一定环境条件下所形成的生活意识和生活行为习惯的统称。健康相关行为是指个体或团体的与健康和疾病有关的行为。一般可分为两大类：促进健康的行为和危害健康的行为。不良生活方式和有害健康的行为已成为当今危害人们健康、导致疾病及死亡的主因。

现代生活方式的改变使疾病谱产生变化，许多现代病、富贵病由此产生。如糖尿病、高血压、肿瘤等都是由生活方式的改变造成的。大量流行病学研究表明，人类的行为与生活方式与大多数慢性非传染性疾病关系极为密切，改善行为可有效控制这些疾病的发生发展；感染性疾病、意外伤害和职业危害的预防、控制也与行为密切相关。1992年国际心脏保健会议提出的维多利亚心脏保健宣言指出：健康的四大基石是合理膳食、适量运动、戒烟和限制饮酒、心理平衡。这说明生活行为与生活方式对健康的影响不容小觑。

二、运动与心理健康的关系

（一）体育运动与情绪的关系

体育运动的情绪效益问题是国际上迄今为止研究最多的问题。实践证明，长期、规律地进行运动锻炼或者短期的身体活动都会对人体情绪产生积极的调节作用。

长期的身体锻炼是指每天都会按时进行或者定期进行身体锻炼，这种锻炼周期会持续相当长的一段时间，一般都持续10~12个月。短期身体活动是指短期的、每次大约30分钟的身体活动。

1. 身体活动后的即刻效益

一般测量短期身体活动的心理效益会在运动后即刻进行，主要包括运动后的心理感受以及身体紧张、焦虑、抑郁等的状况。测量常采用生理仪器或者运用问卷及量表形式，常用的量表主要包括：心境状态量表、状态-特质焦虑量表、锻炼诱发感受量表，以及主观锻炼体验量表等。

（1）与心境状态的改善有关。

心境（Mood）是指感染力微弱且较持久的情绪状态。保持良好的主导心境是心理健康的重要标志之一。

（2）与焦虑水平的下降有关。

焦虑是一种对当前或预计的威胁所反映出的恐惧和不安的情绪状态。以下情况可有效降低焦虑水平：以最大心率在跑台上行走、冥想、在舒适的沙发上休息。

（3）与应激和紧张的减少有关。

应激（Stress）有三个方面的含义（Anshel等，1991）：第一，身体的某一器官对环境刺激而做出的任何行为反应；第二，可能引起焦虑和唤醒某种情境；第三，因觉察到情境的威胁而造成的与自主神经系统唤醒有关的不愉快的情绪反应。通常是在个体感知的环境要求和个体自身反应能力不平衡时发生，紧张就是应激的一种表现形式。

2. 长期身体锻炼的情绪效益

一项研究（Long，1983）比较了步行、慢跑和应激免疫训练（Stress Inoculation Training）两种方法降低应激的效果。尽管关于长期身体锻炼与抑郁的关系问题目前尚有争议，但多数研究仍表明：身体活动和身体锻炼对焦虑、抑郁症状的改善具有积极作用。

国外学者诺斯（Noah等，1990）、佩特鲁泽罗（Petruzzello等，1991）、拉方丹（LaFontaine等，1992）等三位学者于20世纪90年代初期分别对身体锻炼与焦虑、抑郁的关系问题进行了元分析研究，所得结论引起了各国学者的重视。该三项研究被美国学者考克斯（CoxRH）称为该领域20世纪90年代的三大元分析研究。

3. 体育运动产生的情绪效益的维持时间

在锻炼与心理健康的关系领域中，一个值得关注的问题是：短期身体活动或长期身体锻炼后所产生的心理效益能持续多长时间。

（1）短期身体活动情绪效果的维持时间：最多24小时。

Raglin和Morgan（1987）的试验研究了40分钟静息和进行一组有氧练习

后血压和状态焦虑的变化情况。受测者分别为 15 名血压正常的人和 15 名用药物控制血压的人。研究结果发现：

①静息和锻炼均使正常人状态焦虑下降，使用药物控制血压的人状态焦虑显著下降；

②正常人静息后和锻炼后血压下降，药物控制血压的人高压显著下降；

③锻炼造成的血压下降可以持续 2~3 小时，而静息后血压在 20 分钟内恢复到原有水平；

④锻炼造成的状态焦虑下降可维持 2 小时，静息造成的状态焦虑下降只持续 30 分钟。

在另一项研究中，Seeman（1978）考察了男女受测者在 45 分钟有氧练习前后状态焦虑的变化情况，两者在锻炼后均即刻体验到了状态焦虑水平的显著下降，但在锻炼后 4~6 小时，受测者的状态焦虑水平向锻炼前的水平恢复，在 24 小时后与锻炼前水平持平。

结果表明，短期身体活动抗焦虑作用的持续时间最多也就是 24 小时，假如坚持每天锻炼，就有可能降低焦虑并防止慢性焦虑的发生（Weinberg 和 Gould，1999）。

（2）长期身体锻炼情绪效果的维持时间：可达 15 个星期。

另两项研究（Long，1984；Long 和 Haney，1988）比较了长期慢跑锻炼、抗焦虑训练应激免疫（Stress Inoculation）与渐进放松降低状态焦虑作用的持续时间。在两项研究中，受测者分别经历了 2~4 个月、每周 2~4 次的训练课程。结果表明，与静息对照组相比，慢跑组和抗焦虑训练组的状态焦虑和特质焦虑均显著下降，而且这种下降保持了 15 个星期。

（二）体育运动与认知衰老的关系

体育运动与认知功能的保持问题，实质上是锻炼与抗衰老的关系问题。中年期，一般指从 35~59 岁的年龄阶段；老年期，指从 60 岁以上至死亡这一时期。人到中年后，身体机能大多处于维持期和下降期，表现为随着年龄的增长，生理、心理机能出现不同程度的衰退，随着年龄不断增长以及衰老的出现，保持信息加工的速度是很重要的，这不仅是因为信息加工的速度在诸如开车、过马路、躲避危险刺激等日常生活事件中有重要作用，而且它与心理功能的其他方面（如对刺激的辨认、编码、组织、提取以及短时记忆等）也有着密切的联系（马启伟等，1996）。

1. 体育运动提高中老年人认知功能的争论

一项对老年心理障碍患者的研究发现：身体锻炼可使其认知功能出现明显的进步（Powell，1974）。30名年龄从59～89岁的老年人被随机分配到锻炼疗法组、社会疗法组和一个控制组中。锻炼疗法持续12周，包括快速行走、健美操和韵律性活动；社会疗法包括艺术和手工艺活动、社会交往和音乐。研究结果发现，身体锻炼组的渐进式矩阵测验和韦氏记忆量表（Wech-sler Memory Scale）的测验成绩出现了显著进步，而其余两组却没有。

然而问题并非这样简单。也有一些研究没有发现（Barry等，1966；Powell等，1971；Perri等，1985）身体锻炼能够提高中老年人认知功能的证据。看来，身体锻炼提高中老年人认知功能的证据目前尚不充分，在获得更有力的证据之前，我们应谨慎地说，身体锻炼对中老年人认知功能方面的效益或许不在于提高，而在于保持。

2. 身体锻炼与反应速度的保持

反应时是人精神运动速度的重要指标。人的反应时会在年轻阶段达到顶峰，到中年以后，反应时会随年龄的增长而衰退。由此，我们不妨这样假设：如果身体锻炼能够有助于反应速度的保持，那么在同等条件下，积极参加身体锻炼的中老年人，其反应速度应高于不积极锻炼者。这一命题已基本上得到了证明。

有证据表明（毛志雄，1996；Lupinacci等，1993），积极进行身体锻炼的中老年人，其简单反应时、选择反应时比同龄的不进行积极身体运动的人要快。

关于身体锻炼影响反应时的机制目前尚不清楚，有人（MacRae，1989；Toole等，1989）推测：身体锻炼可能对大脑的氧供应、氧利用、神经递质的产生和功能甚至是大脑本身的结构有积极的影响，这些积极的影响使信息加工速度得以保持或提高。但这一推断还有待于进一步的验证。

三、影响人们参加运动的心理因素

从心理学角度分析，影响人们参加体育锻炼的因素众多，首先是制订可行的锻炼计划和形成积极的锻炼动机，其次是一定要选择有益于心理健康的锻炼项目并且长期坚持运动。

（一）参加体育运动的动机

虽然体育锻炼对人体有着积极的促进作用，但还是有相当一部分人十分被动进行体育锻炼。因此，引导人们树立积极参与体育锻炼的内在动机尤为重要。

所谓"动机"，它的含义是：能够维持并且引导人活动并能把活动导向预定目标的一种理念，用来满足人体急需的愿望和理想。由此可见，动机是人体内在的一个过程，身体锻炼的效果则是这个动机内在过程引导的结果。

（二）参加体育运动的"理由"

除了健康状况不允许外，任何人都没有充足的理由不参加体育运动。而有些人常常会找出各种各样的"理由"拒绝参加体育运动。加拿大健康与生活方式研究所的一份报告中指出：不活动的人使用得最多的理由是"没时间""没精力""没动机"。

仔细研究上述锻炼障碍，可以发现：

①所列障碍在一定程度上呈现出了不参与运动的锻炼者的价值取向；

②所罗列的众多障碍大多是不参与运动锻炼者的主观感觉，并没有科学依据。

所以，组织体育活动者一定要认真分析有碍于人们参加运动锻炼的真正原因，积极宣传参与体育运动对于身心健康的重要意义，正确地帮助运动者纠正主观上对运动认知的偏差，提高人们对运动锻炼的价值意义的认识，从而更好地鼓励人们积极参加体育锻炼。

（三）退出体育运动的原因

调查数据表明，人们在参加锻炼一段时间后，会有部分人出于各种原因中途退出，数据显示退出锻炼的原因主要有三种：第一，有部分人认为运动锻炼占用了太多工作和生活时间；第二，健身中心的运动在时间和金钱上的花费偏高；第三，由于家庭成员生病，失去了锻炼的乐趣。

需要注意的是，在运动锻炼的过程中，未实现预期目标的人更容易半途而废。以半年为期限，未达到目标者有92%的人退出了锻炼，而实现预定目标者有60%的人会继续锻炼。这些数据说明，在运动初期为锻炼者设置正确的、合理的锻炼目标，对于降低锻炼者的锻炼退出率具有极为重要的意义。

1. 人际交往

我们在幼儿时期就会通过表情和外界沟通,例如:用微笑来代表心情愉悦,用哭泣来表示反抗的情绪;再后来,和小伙伴们一块儿游戏,和同学们一块儿学习;踏入社会后和同事、上下级、亲朋好友以及陌生人接触,所以说我们从出生起就没有停止过和外界打交道。心理学家也曾指出:每一个人都有爱与被爱的需求,通过人和人之间的相互交往,我们不但可以获得情感的交流,也会从彼此的身上得到很大的心理帮助,这对于我们融入社会以及提高个人综合素质都会有很大的帮助。

(1) 促成大学生人际交往障碍成因。

①家庭的影响。目前的大学生大多数是独生的一代,家长为了避免孩子受到伤害,给予孩子过多的保护,更有甚者大量减少或者剥夺孩子的人际交往机会,凡事都是家长代为处理,只注重孩子的学习成绩,孩子和外界沟通锻炼的机会少之又少,孩子人际交往能力的提高大大受限。

②情绪障碍。由于大学生处在不太成熟的年龄阶段,社会经验不足,处理事情缺乏稳定性,判断事情仅凭个人喜好,显得有些情绪化。

③认知的误区。大学生的知识面相对较窄、社会阅历尚浅,对待事物的看法不能十分全面,但年轻气盛又有着强烈自我意识的他们,更多地想用自己的想法去判断和认知社会。这些偏离现实的完美理想化的想法定然会导致出现人际交往上的偏见,容易造成大学生对现实人际关系状况的不满,从而产生人际交往障碍。

④个性障碍。个性通常是指人们在各种心理过程中展现出来的心理特点,包括一个人的性格、气质等。青少年在性格养成中培养自己独立性强、乐观、聪明、坦诚以及热衷奉献等品质,对未来的工作生活都有极大的帮助,反之,在人际交往中则不太受欢迎。

(2) 人际交往困难的具体表现。

①自卑。通常自卑心理来源于不恰当的自我评价和不断地自我否定、自我封闭。在主观判断上总是认为自己不如别人,不断地自我否定,不断地加深自我封闭性。

②孤独。孤独会给人体健康带来很大的危害,人一旦感觉孤独,就会产生不良的情绪,如抑郁、烦躁、沮丧等,还容易产生孤芳自赏的心态,总是认为别人不够通情达理,达不到自己的水准,不能理解自己,导致很难入

群，更不容易融入社会。

③嫉妒。嫉妒这种情绪掌控好的话，可以通过和别人的对比明白自己的不足，转化成一种积极向上的动力，但是如果掌控不好，产生嫉恨的心理，就不容乐观了，这可能会演变为偏激、暴怒和过激。

④社交恐惧。有社交恐惧症的学生，在人群中会感到焦虑不安，不喜欢待在人群中、害怕见人，和人交谈时语无伦次、手足无措，这种情况不仅会给人际交往带来很大的问题，也会给学习带来很多的困难。

（3）如何培养人际交往的技巧。

①学会倾听。人际交往沟通时，不只要能简练、准确地表达自己的想法，更重要的是学会聆听。一个真诚的听众不仅能让对方心情愉悦，自己也会乐在其中。做一个合格的听众，是一种友好的体现，也是一种修养。

②自我表达。在社交生活中，能够在合适的机会中恰到好处地把自己的优点展现出来，可以加深别人对自己的好感，并把自己的内心所需成功地传达给别人，建立相互信任和亲密的关系。

③学会赞扬和批评。双方在交谈时，要充分利用赞扬和批评的技巧，避免一切正面冲突，用婉转、轻松的方式，在充分尊重对方自尊心的前提下进行沟通。

④培养良好的性格基础。良好的性格可以形成独特的自身魅力，首先应以真诚、认真的态度对待周围的人和事，这是建立相互信任的第一步。

2. 学习问题

对大学生来说，学习处于主导地位，只有增强自学能力、培养自己独立学习和独立研究的能力、把理论和实践科学有效地结合才能更好地学以致用。但是在刚走进校园的时候，部分大学生因学习动力不足，容易受周围环境影响，导致学习效率偏低。学习方法不正确的学生即使付出大量的时间和精力，效果也并不理想。针对这种情况，学生应该积极改善目前的学习方法和手段，结合自身的特点，采取合适的方法，提高学习效率。

大学生在校学习的过程中，经常会因为要面对考试而精神紧张，同时伴有失眠、注意力不集中等现象，使考试及复习往往达不到应有的效果，严重的学生还会有逃避考试的行为。为了避免这一现象的出现，大学生应该对自己有正确的认知，做合适的期许来缓解考试前的焦虑。

3. 就业问题

大学生在完成学业之际，意味着也立刻踏上了人生的另一个重要时刻——择业。目前严峻的就业形势、专业结构不合理以及人才供求双方的差异等问题，使得大学生苦恼和彷徨。但是作为受过高等教育、朝气蓬勃的年轻人，首先要有正视和解决问题的勇气，其次再根据实际情况制订出切实、合理的求职规划。

4. 恋爱与性的问题

恋爱是人类永恒不变的谈论话题，现代社会认可大学生的恋爱观，在校大学生结婚也被国家法制部门允许。大学生刚从紧张、繁重的高考压力中解脱出来，正面临着性生理的成熟阶段，这时尝试和异性交往、与异性和睦相处也是大学生面临的一个问题。因此，大学生要学会正确地处理现阶段的爱情问题，为将来的婚姻家庭生活做准备。

5. 网络问题

互联网最初是美国军方发明的，当时只限军事机构和少数的科研人员使用，1993年对外开放后，在极短时间内就给人类带来了翻天覆地的变化，人们在工作、生活中都获得了极大的便利。然而事物本来就是具有两面性的，互联网在带给人们便利的同时，一些问题也随之出现。如部分学生会沉迷于网络世界不能自拔，游戏、聊天占用了部分大学生的多数时间，在大学中常有挂科、留级和劝退的现象出现。

第二章　科学健身与运动保健

第一节　科学健身的理论与方法

一、运动健身的心理学理论

体育健身的心理学理论主要有两类：一类是解释体育运动能促进心理健康原因的理论；另一类是解释人的锻炼行为的影响因素的理论。前者回答的是体育健身行为的意义问题，后者回答的是参加体育健身活动的原因和锻炼行为的预测问题。

（一）体育运动促进心理健康的原因

为了能够从理论上更好地解释锻炼身体时对心理效益的促进机制，美国学者考克斯（Cox，1994、1998）在前人研究的基础上总结出六项基本假说。

1. 内啡肽假说

内啡肽假说指出，身体在进行运动时会促进大脑分泌一种消除疼痛并让身体有快感的化学物质内啡肽（具有吗啡作用），内啡肽所引起的身体的这种快感可以有效缓解焦虑、抑郁以及其他消极情绪。虽然这是一个很有吸引力的假说，但是目前还没有试验可以明确支持这一假说。

2. 转移注意力假说

转移注意力假说指出，在身体进行运动锻炼时给人们提供了一个能够转移对自己消极情绪的注意力的机会，从而使像焦虑、抑郁、挫败感等情绪在短时间内出现下降的现象。

3. 心血管健康假说

心血管健康假说指出，锻炼身体可以提高心血管系统的机能，增强心血管的渗透性和收缩性，并且由于进行运动锻炼时心情状态良好，有效改善心血管的健康状况。良好的血液循环可以保持体温的恒定，保证神经纤维传导的正常性，从而促进心理健康。

4. 社会交往假说

社会交往假说指出，人们在进行运动锻炼时与人进行的社会交往是轻松愉快的，因此，锻炼有利于心理健康的促进。

5. 认知行为假说

认知行为假说指出，人们在进行运动锻炼时可以获得愉悦的心情和积极的思维，而这些快乐的、具有正能量的心情和思维对于焦虑、抑郁等一些负面消极情绪有治愈、抵抗的作用。

6. 胺假说

胺假说在理论上指出，锻炼身体能够刺激神经递质的分泌，而神经递质类化学物质分泌量的多少和心理健康的程度也有很大的关联。所以，运动锻炼可以有效地促进心理健康。

（二）锻炼行为理论

人为什么要参加体育运动？锻炼行为理论有助于深入理解锻炼行为。目前这一领域的主要理论模型是：健康信念理论（Health Belief Model，HBM），计划行为理论（Tlwory of Planned Behavior，TPB），转换理论模型（Trans theoretical Model，TTM），社会认知理论（Social Cognitive Theory，SCT）。

1. 健康信念理论

健康信念理论指出，人是否会产生预防性的健康行为（如参加体育运动），取决于其对自身潜在疾病的严重性的知觉，及其对采取行动的代价与所获利益的评估。一个人如果知道自己潜在的疾病十分严重，并且自己处在危险之中，且经自我评估赞成意见胜过反对意见的时候，他就可能会采取健身行为。

健康信念理论的问题与现实情况会有一定的出入，现实中大部分人参与运动锻炼或者健身活动，并不是专门为了减轻身体上的病痛，但它还是能够在一定程度上解释人们不参加运动锻炼和健身活动的原因。

2. 计划行为理论

计划行为理论指出，人的行为取决于行为意向（Behavioral Intention）。

行为意向是由个人对行为的态度（Attitude Toward the Behavior）、主观标准（Subjective Norm）和所体验到的主观控制感（Perceived Control）共同决定的。主观控制感不仅决定行为意向，而且对行为的产生也有一定的预测作用。

计划行为理论考虑到锻炼身体是自愿行为，因此特别注重态度的动机作用，并且将客观环境的作用体现在主观标准和主观控制感这两个因素之中。外因通过内因起作用，想要激发身体进行运动锻炼的动机，首先要端正自身对锻炼的态度，其次还要建立起必要的社会支持系统。

3. 转换理论模型

前面的两个理论回答了人为何锻炼以及为何不锻炼的问题，而转换理论模型所关注的是人从"静止"到"活动"再到"保持活动"的动态变化过程。转换理论模型将人的整个锻炼过程分为循环变化的五个阶段（Prochaska等，1992）。

第一阶段是前意向阶段，该阶段个体不打算在6个月之内开始锻炼，称作"我将不会……"或"我不可能……"阶段。

第二阶段是意向阶段，该阶段个体打算在6个月内开始锻炼，称作"我可能……"阶段。

第三阶段是准备阶段，该阶段个体产生了直接参与有规律的锻炼的意向（在随后的30天内）和承诺变化行为（有时伴随着小的行为变化）。例如，在健身中心报名、买一双跑鞋，甚至无规律地参加体育活动，称作"我将……"阶段。

第四阶段是行动阶段，该阶段个体参加有规律的身体锻炼（每周三次以上，每次至少20分钟），但尚未坚持6个月。这一阶段是最不稳定的阶段，存在着退出锻炼的"危险性"，同时也可能是最"忙碌"的阶段，因为他可能正在尝试各种能改变过去行为习惯的方法。

第五阶段是保持阶段，该阶段个体已经坚持有规律的锻炼活动达6个月，称作"我已经……"阶段。如能保持5年，则很有可能成为终身锻炼者。

转换理论指出，人体所处的锻炼阶段是一步步动态演变的过程，人体在不同的阶段应采用不同的行为转变策略，促使身体向行动和所保持的阶段转换。

因此，想要更好地激发更多的人参与运动锻炼，要求组织锻炼者能准确地判断好锻炼者所处的阶段,采取合适的锻炼措施,帮助锻炼者顺利实现预期的锻炼目标;反之,会造成部分锻炼者退出锻炼。

4. 社会认知理论

社会认知理论可能是迄今为止最为复杂的锻炼行为理论,是班图拉于1986年(Ban-dura,1986)提出的。该理论的核心内容如下:

①行为是由三种因素组成的,即个人因素、行为因素和环境因素。三种因素相互作用,相互影响。

②个人因素中又包含三种成分,即生理、情绪和认知。

③在个人因素的认知成分中,能够决定人的行为、帮助人们实现目标的重要内容就是自我的效能感。单就锻炼身体而言,自我效能感高的人,更容易实现自己的目标。

二、运动的心理调节

运动不仅对身体健康有良好的促进作用,而且有益于人们的心理健康和促进人们尽快适应社会,并且能从多方面提高人们的生活质量和增强人们的社会满足感。

(一)产生良好心理效应的因素

从运动中获得的良好心理效应的影响因素比较多,主要因素有以下四种:

1. 喜爱运动并能从中获得乐趣

喜爱并能够在运动中获得乐趣是人们在运动时产生良好心理效应的重要因素;反之,如果对运动没有兴趣,在运动中就不会有满足感产生,也不会有很好的情绪体验。

2. 运动应以有氧活动为主

在众多的运动项目中,慢跑、散步、骑自行车、游泳、跳绳、保健操等都属于有氧运动。在进行对抗性运动项目时,一定要掌握好运动的强度和运动量,对于在校大学生来讲,体操和各种球类运动都是不错的选择。

3. 运动负荷应以中等强度为宜

在运动锻炼的过程中,有研究表明,每次运动锻炼的时间最好不要低于20分钟,心率控制在最大心率的60%~80%,每周要坚持运动3次以上,这样才能为身心健康提供最大的保障。

4. 持之以恒地进行体育锻炼

运动锻炼对于心理健康的积极效应，只有在长时间进行规律锻炼的基础上才能展现出来。运动总时间不断累积，运动所产生的良好心理效应就会不断得到增强。

（二）运动与应激

应激是指人体对应激源作出的本能反应，它是一种由多种因素相互作用、相互影响的过程，包括应激源、个体对应激源的评价以及个体的典型反应等因素。

应激源是指引起应激反应的刺激因素，引起应激反应的刺激因素有生理、心理、社会和环境因素。生理应激源有热、冷、病、饥饿、睡眠不足等；心理和社会的应激源有家庭的期望、失去朋友、同其他重要人物发生矛盾、孤独、隔离、失业、失学、司法纠纷、抑郁、焦虑、恐惧等；环境应激源有噪声、污染、洪水、恶劣的气候、人口膨胀等。在日常生活中，这些应激源我们都有可能会遇到。对大学生来说，应激源可能是测验与考试，或是不喜欢某门课程、不喜欢某位教师、不喜欢与某些同学交往等。

在运动中经常产生的应激主要是情绪波动、沮丧、过度紧张、心理压抑和焦虑。情绪变化通常是正常和必要的，从一定程度上来讲，情绪波动贯穿于整个生命过程，但情绪波动过大，会给身体健康和体育锻炼带来消极的影响。沮丧是指在某一目标受阻时，心理产生的一种消极的情绪反应。过度紧张是由于负担过重，使有机体神经处于不正常的工作状态。心理压抑反应（刺激过度）是由单调、寂寞的生活和工作而引发的消极情绪。焦虑是情绪波动的一种表现，是导致更深刻情绪波动的一个根源，常常是想到一些自己害怕的事情而产生。

针对有规律的锻炼能减少或能有效控制应激的这个问题，有很多理论试图对其进行解释。有的理论认为，运动锻炼属于娱乐类活动，运动可以帮助人们把头脑从紧张、沉重的思维中短暂地解放出来；还有的理论认为，人们在进行运动锻炼时会引发大脑释放一种自然合成的化学反应因素——内啡肽，这种内啡肽因素在发挥作用时，能够有效阻碍大脑中和应激有关的化学物质发挥作用。

在进行身体素质锻炼的过程中，如果一个人处于严重的情绪波动状态下，会降低身体对外界各种影响的抵抗力，从而影响其坚持进行体育锻炼的意志和决心。在此情况下，人们既不可能坚持有效地锻炼，也不可能获得有效的休息。总之，要想使运动达到良好的效果，就必须排除会引起情绪波动的因素。

（三）自生放松训练

奥地利精神病学家舒尔兹提出的自生放松训练方法是目前被普遍采用的一种放松技术。

自生放松练习一定要在老师的指导语或者自我指导语的暗示下缓缓进行。首先，想象自己的四肢是温暖的、沉重的，当大脑想象这些状况时，人体能够在这些位置增加血量，放松反应会突然发生，当身体得到放松后，接着开始想象一些宁静的情景，如在夏日平静的湖面上泛舟、在绿柳成荫的公园里散步等，来使头脑放松。

自生放松训练的可贵之处在于每个人都可以通过自学掌握其基本动作，它对治疗失眠、消除疲劳有显著的功效，还能帮助他人控制自己的情绪。

要想掌握"自生放松"技术，必须发展自我调节的能力，即要学会以下三点。

1. 控制骨骼肌的紧张度

按照自己的愿望使之放松，必要时能集中它的力量。

2. 按照自己的意愿形成所需要的情绪状态

通过放松肌肉来降低兴奋性，自己默念词句可使身心达到安静状态。不是由意志下达命令直接影响植物性神经系统的机能，而是间接地、通过复现记忆中过去的体验和感觉来实现。

3. 控制注意力

把注意力集中到所需要的方面，需要放松和入睡的时候能将它从注意对象上转移开。

那么，人体有哪些组织系统参加了上述过程呢？其一是第二信号系统（思想、语词），其二是肌肉组织和呼吸系统。在反射性联系的基础上这种结合会逐渐固定下来，无须多久就能形成习惯。只要一想到放松时的感觉，肌肉马上就能放松，呼吸也会更有节奏。

放松的方法有很多种，而这些放松方法都有一个共同点：练习者都必须要高度注意来自他人或者自我的暗示语，同时做深沉的腹式呼吸，从而完全放松全身的肌肉。

由于大脑和骨骼肌具有双向联系，在心理紧张时，骨骼肌会跟随大脑不由自主地紧张；反之，在心理放松时骨骼肌也会自然地放松。因此，通过心理放松，可以使肌肉得到完全放松，从而降低心理的紧张度。

人们在进行放松训练时经常使用的暗示语有："我感觉很放松""我的双臂和双手感觉是温暖的""我的头脑是安静的，我感觉不到周围的一切"等。

（四）超觉静思

"超觉静思"（Meditation）也称闭目而思。

自古以来，超觉静思能够很好地降低应激水平，是很多杰出人士常用的一种放松方式。他们调整好呼吸，端正姿势、内视自己、闭目养神，把意志集中在一点上，进入万物皆空的境界。整个完整的静思一共需要3分钟的时间，分三个阶段进行。

1. 静坐

静坐，在安静的空间内像和尚打坐那样盘腿，端庄、稳定地坐好。

2. 调息

坐好之后，开始"调息"，即调整呼吸。

我们的内脏器官都是在自主神经系统的支配下活动的。即使我们在睡觉的时候，它们仍然在工作，意志是无法控制它们的。但例外的是呼吸运动，唯独呼吸具有不可思议的两重性，它既可以在我们无意识的时候进行，同时又可以根据我们的意志或快或慢地进行。这是由于呼吸在接受自主性神经系统支配的同时，也在接受大脑中枢神经系统的控制，它具有可接受两重支配的特殊性。这一点也正是通过"调息"能够使精神集中的重要原因。

人在高兴时，会呼吸急促；悲伤时，会不由自主地叹气。在体育比赛或考试之前，有人经常会感到心慌烦乱、呼吸加快，有时甚至于休克而呼吸暂停；然而心理素质好的人，在同样的情况下却能够心平气和，不发生上述现象。所以说，呼吸与精神之间有着密切的联系，而且，人的意志对呼吸的控制能够达到一定的程度。"调息"可以使人的身心稳定和谐，大脑机能充分发挥生理机能。

静坐是"调息"的准备，静坐好之后便可开始"调息"，其做法如下。

第一，首先采取腹式呼吸法。做法：全身放松，端坐，慢慢地鼓起肚子，同时吸气，再慢慢地收缩腹部，同时吐气。重复练习几次，逐渐减少呼吸的次数，由最初的1分钟十几次减少到每分钟七八次，最后达到每分钟五六次。

第二，保持内心安静，冥想。做法：全身放松、端坐，双目自然微合，调整呼吸；注意，如果紧闭双目，太过用力，反而会导致内心杂念横生；睁开双目，则会受外界干扰，不得宁静。

3. 默念关键词

集中精神，在心中反复默念关键词，把要解决的问题深深地刻入清晰如镜的头脑中。大约持续3分钟，再轻轻睁开双眼，结束超觉静思状态。

关键词的选择方法：应该尽量选择包含着自己愿望并能使自己产生信心的词句，例如："做则成，弃则废""干则成，必成，快干""信念可穿石"。

（五）表象训练

表象训练又称念动训练、想象训练、心理演练等，它是指有意识地、积极地利用所有感觉，在脑中对过去经历过的事进行重现或者再创造的过程。使用这种技术能够降低个体的应激水平。其具体方法有如下几个。

1. 表象转移

实施这一方法，主要是把个人从失败或应激的情景表象中转化到积极向上的情景表象中。具体实施此方法时，应该采用"思维暂时中止法"，即当我们头脑中产生焦虑的情绪时，应该及时地终止目前的思绪，转化为愉快的想象情景。

2. 回想成功情景或者经历

当一个人体验到焦虑时，他可以想象以前成功的经历和结果。克拉堤曾报道过一个研究：一位体操运动员对在异国体操馆比赛感到紧张，因此他立即回想自己在本国体操馆比赛时受到观众热情支持的情景，之后发现这个方法有效地减弱了自己已经体验到的焦虑情绪。

3. 技能的表象训练

技能的表象训练有助于降低应激反应，尤其是个体在体育考试之前进行技能表象训练，可使自己对成绩的担忧转移到对该活动的注意上。例如在投篮考试前，首先可以想象自己正在一个无人的体育馆内投篮；然后想象自己在有同伴的情况下投篮；接着想象在所有同学注视自己的情况下投篮；最后，可想象在同学对自己发出伤害性语言的情况下投篮。

三、心理健康测量

心理健康测量是为了弄清自己或他人心理健康状况而采取的一系列检查措施。这种检查需依照一定的标准和规范来进行，其结果是通过一定的赋值方式而产生的具有确定性的特征。因此，就其实质而言，心理健康测量是采用某种被认为能反映人心理健康状况的标准尺度、对人的心理行为表现进行划分，以推断其心理特征结构在健康尺度上所处的位置的方法。

（一）心理健康测量的内容和方法

人的心理由智力、人格、心理适应能力及人际关系所组成。心理发展健康的基础是智力发育正常，良好的社会适应能力、良好的人格和能妥善地处理人际关系则是心理健康的必备条件，它们构成了心理健康的完美模型。由此，世界各国的心理学家们研究制定出了许多不同种类的心理健康测量标准化评判指标和方法，其评判指标和方法一般都采用测验、问卷、量表等形式。这些测验、问卷、量表能从不同角度、不同层面测量出人的心理健康状况，但由于心理健康测量的内容和方法繁多，在此不作全面、详细地论述，只能就与大学生心理健康关系较为密切的几种测试内容和方法作简单地介绍，同时向大家推荐五种简便、实用和有价值的心理健康综合测量表。

1. 气质测量表

气质是个体心理活动稳定的动力特征，所谓心理活动的动力特征，主要是指心理过程的速度和稳定性，如知觉的速度、思维的灵活性、注意力集中时间的长短；心理过程的强度，如情绪的起伏、意志努力的程度以及心理活动的指向性等。

心理学把人的气质分为四种类型：胆汁质、多血质、黏液质、抑郁质，气质类型会影响人的行为方式。了解自己的气质类型可以加深对自我心理特征的认识，扬长避短，优化人格；也可以帮助咨询人员客观地了解咨询者的心理特点，以寻求更为适当的指导方法。

目前国内应用最广泛的气质测验是由陈会昌编制的气质自测量表，由60

个问题构成。根据测验得分，可以初步判定一个人的气质类型。

2. 卡特尔 16 种人格特质测量表

卡特尔 16 种人格特质测量表（简称 16PE）是美国心理学教授卡特尔综合采用按摩法、实验法和多因素分析法，并在确定了人格结构的 16 种特质的基础上，编制的理论构想型测验量表。卡特尔所确定的 16 种人格特质的名称和符号是：

A 群乐性	B 聪慧性	C 稳定性	E 持强性
F 兴奋性	G 有恒性	H 敢为性	I 敏感性
L 怀疑性	M 幻想性	N 世故性	Q 忧虑性
Q1 试验性	Q2 独立性	Q3 自律性	Q4 紧张性

上述人格特质因素是各自独立的，每一种因素与其他因素的相关度极小。由于这些因素可以进行不同的组合，这就构成了一个人不同于其他人的独特个性，将 16 个分量表的得分放在一起，可以得到关于受测者的个性剖析图；同时，通过对测试结果的分析，可以评价出受测者在不同职业的发展潜力，可作为就业咨询的参考因素之一，还可以作为精神心理诊断的一种参考。

16PE 由 187 个测验项目组成，包括 16 种人格特质因素，每一测试题备有 3 个可能的答案，可供受测者折中选择。

3. 艾森克情绪稳定性诊断量表

情绪的稳定性及适应性是衡量一个人心理是否健康的重要因素之一。英国著名心理学家艾森克运用因素分析的方法对情绪的稳定性进行了因素分析，并在此基础上编制了一个包含七个方面的情绪稳定诊断层表，具有较高的可信度，它适用于对大学生情绪稳定性的诊断。

此量表由 210 道测试题组成，其中包含 7 个分量表，每 30 道题为一个量表，分别从自卑感、抑郁性、焦虑感、强迫性、依赖性、疑病症和自罪感七个方面评价一个人的心理健康状态。

根据受测者在 7 个分量表上的得分可做出情绪稳定剖析图，此剖析图可反映出受测者的情绪稳定程度，从而为心理咨询提供依据。

4. 人际关系综合诊断量表

大学生在人际关系上存在的一些心理健康问题主要表现为以自我为中心、多疑、害羞、孤僻、自卑、嫉妒、社交恐惧症等。研究表明，人际关系不和谐的大学生，其个人的成才及其未来的成就会因此受到严重的影响，应及时地诊断并采取必要的措施予以治疗，这是消除大学生人际关系方面心理障碍的较好途径。由我国著名心理学家郑日昌等人编制的人际关系综合诊断量表，其优点是简便、实用且具有较高的效度和信度，在我国大学心理健康测量中被广泛采用。

人际关系综合诊断量表由28道测试题目组成。其测量结果分为四个等级：

①测量分在0~8分，人际关系相对和谐，在与任何人之间的相处上困扰不多；

②测量分数在9~14分，在处理人际关系时存在一定的困扰，与朋友的关系不牢固，时好时坏，呈起伏波动的状态；

③测量分数在15~28分，人际关系中存在较为严重的行为困扰；

④测量分数超过30分，心理障碍就较为明显，在人际关系相处中较为困难。

5. 心理适应能力测量问卷

心理适应能力是指一个人在心理上进行自我调节和自我平衡，以适应社会生活和社会环境的能力。人在生活、学习和工作中常常要面对环境变迁、理想与现实不一致、信心受挫之类的事，这就需要主动调整自己，使自己的心态保持平衡。心理适应能力的高低，从某种意义上说代表着一个人的成熟程度，同时也是决定一个人心理健康水平的因素之一，为使心理保持健康，建议大学生对自己的心理适应能力进行必要的自我检测，并据此采取适当的调整方法，自我检测可采用由我国一些心理学专业工作者编制的心理适应能力方面的自测问卷，具有一定的效度和信度。

心理适应能力自测问卷由若干道题目组成，其测查结果分为：心理适应能力很强、心理适应能力良好、心理适应能力一般、心理适应能力较差和心理适应能力很差5个等级。如果测量结果显示心理适应能力较差，不必忧心忡忡，因为一个人的心理适应能力是随着年龄的增长、知识经验的丰富而不断增强的。

（二）心理健康测量表的应用

心理健康测量表的作用是依照某种标准和规范来检查自己或他人的心理健康状况的。由于人的心理健康是一个较为复杂的状况，加上现今有关的心理健康测量表尚在发展中,并未达到"尽善尽美"的程度,因此,评定者在使用测量表时要慎重。我们不能过于依赖量表评定,如发现评定结果与自己的实际情况不相符或不能解决自己的难题时,便会走向反面,完全否定既定量表或者对自己失去信心。同时,应注意编制量表的社会文化经济背景对量表使用效用的影响,目前我国大多使用的是国外编制的量表,因此在使用时,应充分考虑文化差异所致的误差。

此外可在心理教师、医生的指导下进行测量表测试。

第二节　运动保健与医务监督

一、运动与保健

运动是影响人体健康的重要因素,适宜的运动可以改善人体各器官和系统的功能状况,增强机体的适应能力,增强体质,增进健康。

（一）适宜运动对健康的作用

生命在于运动,健康必须锻炼。人体在运动过程中,机体将产生一系列适应性变化,这一变化的结果可以是健身防病,也可以是危害健康,关键在于运动要适度。有人把这个适度的范围称为"价值阈",上限为安全界限,下限为显效界限。

不同年龄、不同性别、不同体质的人运动强度有一定的差别,但有一个大致的范围和一定的规律。例如,美国运动医学会近年来提出,保健运动适宜运动负荷为个人最大负荷的60%左右,活动时间控制在20~60分钟。

在达到适宜心率后,在此基础上至少持续10分钟才能显效。运动健身时应选择有氧代谢的运动项目,并坚持长期锻炼,每周至少3次,方可达到良好的锻炼效果。

1. 对血液循环系统的影响

经常参加适宜的运动,可使心肌发达、心动徐缓、心功能增强。力量素质的锻炼,特别有利于心肌壁厚度的增加;耐力素质的锻炼,特别有利于心腔容积加大。经过良好的锻炼心脏有更大的潜力来适应大运动负荷的需要。运动后,恢复也较快。

2. 对呼吸系统的影响

人体运动时，肌肉在活动过程中需要消耗大量的养料和氧气，同时产生很多的二氧化碳，这就要求呼吸器官加倍工作排出二氧化碳。因此呼吸系统能得到改善，首先是呼吸肌发达，胸围和呼吸差增大，肺活量增大，呼吸深度加深。其次可以提高换气效率，又能使呼吸器官得到较长时间的休息，因此运动时不至因为紧张的活动而发生气喘，并且能适应剧烈运动的需要。

（二）人体缺乏运动的危害

有规律、不间断、合理的运动，能维持人体良好的功能状态，精力充沛地从事学习和工作，达到健康长寿的目的。缺乏运动或运动不足会对健康造成不良影响，可导致体力下降，肌肉无力，还可能不同程度地影响生理功能状态，造成疾病潜在的因素。它的危害是一个慢性积累的过程，到了一定时期或年龄阶段容易发病，疾病发展到一定程度会形成不可逆的病理变化，最终会造成人的早病、早衰、早亡。

二、运动医务监督

（一）运动中的腹痛

1. 原因

引起运动中腹痛的原因，从总体来看，可分为原因不明但与锻炼有关的运动性腹痛、腹腔内疾病和腹腔外疾病。运动性腹痛往往与下列因素有关。

（1）缺乏锻炼或运动水平低。

（2）准备活动不充分。

（3）身体情况不佳、疲劳、精神紧张。

（4）运动呼吸节奏不好，速度太快，运动前食量过多或饥饿状态下参加剧烈运动等。

2. 处理

（1）对于因腹内或腹外疾病所致的腹痛，主要根据原发疾病进行相应的治疗（药物、理疗、局部封闭等）。

（2）对于仅在运动时加快速度后才会出现腹痛的人，要加强身体素质全面锻炼。

（3）运动中出现腹痛后，可适当减慢速度，并做深呼吸，调整呼吸与动作的节奏；必要时用手按压疼痛部位，弯腰跑，短时间内即可恢复，如果仍然疼痛，应暂时停止运动，遵照医嘱口服阿托品等解除痉挛的药物。针刺式点掐足三里、内关、三阴交等穴位，进行腹部热敷。仍然无效应请医生处理。

3. 预防

（1）遵守体育锻炼的科学原则。

要循序渐进地增加运动时间，加强全面身体锻炼，提高机能水平。在锻炼时要调整好动作与呼吸节奏，合理地分配运动速度。

（2）运动前要做好充分的准备活动。

冬天参加长跑或自行车锻炼时，不要在充分做准备活动前就脱掉运动外套。

（3）合理安排膳食。

剧烈运动前不要吃得过饱，不大量饮水，特别不要吃冷饮，不吃平时不习惯吃的食物；不要在饥饿状态下参加锻炼；用餐一个半小时后才能参加运动。

（二）肌肉痉挛

1. 原因

（1）在寒冷的环境里运动。

肌肉受冷空气的刺激，兴奋性突然增高，使肌肉发生强直收缩。

（2）电解质丢失过多。

运动中大量排汗，特别是在高温季节时长时间的剧烈运动，造成电解质过低，引起肌肉兴奋性增高，发生肌肉痉挛。

（3）肌肉连续过快收缩而放松不够。

在做剧烈运动过程中，肌肉连续过快的收缩，而放松的时间太短，以至于肌肉收缩与放松的协调性紊乱，引起肌肉痉挛。

（4）疲劳。

身体疲劳也直接影响肌肉的生理功能，疲劳的肌肉使血液循环和能量代谢往往发生改变，从而使内环境发生改变，导致痉挛产生。因而，身体疲劳时，特别是局部肌肉疲劳时再进行剧烈运动或做一些突发性的用力动作，就容易发生肌肉痉挛。

2. 处理

（1）向痉挛肌肉收缩相反的方向牵引痉挛的肌肉，使肌肉拉伸，一般都可以缓解。

(2) 在痉挛肌肉部位做按摩，手法以揉捏、重力按压为主，要注意保暖。

(3) 热疗（如热水浸泡、局部热敷）也有一定疗效。

(4) 严重的肌肉痉挛有时需采用麻醉才能缓解。

3. 预防

(1) 加强体育锻炼，提高身体的耐寒力和耐久力。

(2) 运动前必须做好准备活动，对容易发生痉挛的肌肉可事先做适当按摩。

(3) 冬季运动要注意保暖。

(4) 夏季运动，尤其是进行剧烈运动或长时间运动时，要注意电解质的补充和维生素的摄入。

(5) 疲劳和饥饿时不宜进行剧烈运动。

(6) 游泳入水前要用冷水冲淋全身，使身体对寒冷有所适应，水温太低时，游泳时间不宜过长。

(三) 运动性中暑

1. 原因

(1) 中暑。

环境高温是致病原因，室温过高，或在炎夏烈日暴晒下锻炼或从事体力劳动，如果无足够的防暑降温措施，都可能发生中暑。即使气温不是很高，但湿度较高和通风不良，在这种环境下从事锻炼或体力劳动，也可发生中暑。

中暑的诱因有：疲劳、肥胖、饮酒、饥饿、脱水、失盐、衣服不透气、发热、甲亢、糖尿病、心血管疾病、汗腺缺乏及服用阿托品等抑制汗腺分泌的药物等。

(2) 运动性中暑。

运动性中暑是由于体温调节系统在运动时超载或衰竭所致。机体在运动时产生大量热，其中约1/4用于完成机械功，其余均以热的形式储存或散发。当产热或储热超过散热时就会出现体温调节系统的超载，伴随大量出汗。运动时间维持较长时，直肠温度升高甚至虚脱。衰竭是由于丘脑下部体温调节或周围性反应功能紊乱所致，使心脏充盈压和心搏出量减少，心率加快。当直肠温度升高后，皮肤和内脏小动脉扩张，引起血压下降。运动性中暑时直肠温度可达 40 摄氏度。

2. 处理

（1）场地急救。

要保持呼吸道通畅，测血压、脉搏、直肠温度，点滴输液，严重者要及时送往医院抢救。

（2）一般处理。

热衰竭和热痉挛患者应转移到通风阴凉处休息。热痉挛患者口服温盐水、含盐饮料、静脉注射生理盐水或服用十滴水或藿香正气水等。有循环衰竭者应静脉补给生理盐水和氯化钾，一般患者在 30 分钟至数小时可恢复。

（3）物理降温。

用凉水擦拭皮肤，使皮肤血管收缩加速血液循环，加用风扇吹风，在头部、腋窝、腹股沟放置冰袋以降温。

3. 预防

（1）夏天炎热，安排好锻炼的时间，避免在一天中最热的时间里进行锻炼。

（2）准备好炎热天气锻炼所需的营养品和水，注意补充食物中的电解质，额外增加维生素 B。

（3）不耐热的人要加强预防措施。

（四）挫伤

1. 原因

挫伤又称撞伤，是钝性外力直接作用于人体某部位而引起的一种急性闭合性损伤，如运动中相互冲撞，被踢打或身体碰撞在器械上，可发生局部和深层组织的挫伤。最常见的挫伤部位是大腿与小腿的前部，头和胸、腹部的挫伤也很常见。

2. 处理

（1）伤后 24~48 小时，局部冷敷，加压包扎，抬高伤肢并休息。

（2）受伤 48 小时后，肿胀已基本消退，可拆除包扎进行温热疗法，包括各种理疗和按摩。

（3）伤后恢复期时，逐渐增加抗阻力练习和参加一些非碰撞性练习，并配合按摩和理疗等,直至关节活动功能恢复正常。

(五) 肌肉拉伤

1. 原因

(1) 主动用力拉伤。

肌肉做主动的剧烈收缩时,收缩力超过了肌肉本身的承担能力所致。主动用力拉伤是在肌纤维缩短时发生,多为原动肌和协同肌受伤。

(2) 被动拉伤。

肌肉受力牵引时超过了肌肉本身的伸展限度所致。在做压腿、劈腿练习时,如果用力过猛,也可能使被拉长的肌肉发生拉伤。

2. 处理

肌肉微细损伤或少量肌纤维断裂时,立即冷敷,加压包扎并抬高伤肢,注意局部休息。疼痛较轻者可口服镇静、止痛剂(遵照医嘱),24 小时后外敷中药、痛点药物注射、理疗或按摩等。

3. 预防

在剧烈运动前,要充分做好准备活动;平时要结合运动项目的特点,加强易伤肌肉的力量和柔韧性练习;锻炼中要注意观察肌肉反应,如肌肉硬度、韧性和疲劳程度等,若出现肌肉僵硬或疲劳时,可进行按摩并减少运动强度;注意锻炼环境的温度,湿度和运动场的情况,治愈后再参加锻炼时,要注意循序渐进,以防再伤。

(六) 自我监督

1. 主观感觉

(1) 运动心情。

运动心情是反映锻炼者健身欲望的指标,若身体机能正常时,精神饱满,体力充沛,渴望锻炼。如果健康状况不佳,就出现心情不佳、厌烦锻炼的征象。

(2) 自我感觉。

自我感觉是反应运动中或运动后,除运动性疲劳以外其他的不正常感觉。如异常的疲劳,感到恶心甚至呕吐、头晕,以及身体某些部位疼痛等。

(3) 睡眠。

睡眠状况是反映神经系统功能状态的指标。锻炼负荷过大,超过机体的负担能力时,首先会反映在神经系统方面,早期主要表现为睡眠模式的改变,好的睡眠状态是入睡快,醒后精力充沛,如果入睡慢、夜间易醒、失眠、睡醒后仍感疲劳,需要进行调整。

(4)食欲。

食欲是反映中枢神经系统是否疲劳的较敏感的指标之一。参加体育运动时能量消耗大,所以运动后食欲应该良好,想进食,食量大。如果运动后不想进食、食量减少,并在一定时期内不能恢复食欲,并没有其他因素影响时,则表明中枢神经系统已疲劳。

2. 客观检查

(1)脉搏。

测脉搏时除注意频率外,还应注意节律,测晨脉对了解身体机能变化有重要意义。若每分钟晨脉比过去减少或明显改变,节律齐,表明身体机能反应良好,有潜力。若每分钟比过去增加多12次以上,表明机能反应不良,可能与疲劳未消除或感染有关。

如果发现脉搏节律不齐或有停跳现象,可能是心脏机能异常征象,应采用心电图等方法做进一步检查。

(2)体重。

在运动期间,体重出现下降现象,并伴有其他异常征象(睡眠失常、情绪变化等)时,可能是早期过度训练的综合征象。

第三节 体育运动与疾病预防

人们为了强身健体和增强体能,在日常生活中总是有目的地进行运动锻炼。但是在锻炼过程中,如果姿势不正确或者锻炼方法不当,就会产生运动损伤。如果因为运动损伤影响到身心健康甚至造成终身遗憾,就违背了我们参与运动锻炼的初衷。所以,在进行运动锻炼前,一定要先了解、学习一些基本的防治运动损伤的知识,正确地进行锻炼,避免运动损伤。

一、运动中常见的生理反应

(一)运动性腹痛

排除疾病的可能后,尽可能地采取减速慢跑和调整呼吸的运动策略,并用手部对疼痛部位进行轻轻按压来缓解疼痛。假如症状得不到缓解，反而有所加重，应立即停止运动或到医院进行诊断和治疗。

(二) 肌肉酸痛

由运动而引起的肌肉酸痛一般可以分为急性肌肉酸痛和慢性肌肉酸痛（迟发性的肌肉酸痛）两种。急性肌肉酸痛有别于肌肉拉伤，是因肌肉的暂时性缺血造成酸痛，常伴随肌肉僵硬的现象，在肌肉做剧烈运动时才会发生，肌肉活动一结束，经过简单的恢复措施、不需治疗即可消失。有时肌肉酸痛不是即刻发生在运动结束后，而是发生在运动结束后的 1~2 天，称为延迟性肌肉酸痛。

缓解肌肉酸痛最好的方法是采用按摩和热敷，帮助肌肉放松，促进酸痛部位的血液循环，缓解酸痛；还可以进行适度的静力拉伸练习，帮助肌纤维进行修复。

(三) 肌肉痉挛

肌肉痉挛又被称作抽筋，是指肌肉不由自主地强直收缩。在进行运动练习时，最容易抽筋的部位是小腿三头肌，然后是足底的屈拇肌和屈趾肌。肌肉发生痉挛时，常常疼痛难忍，并且短时间内不容易缓解。

根据痉挛部位，牵引痉挛肌肉，及时缓解。例如，游泳中发生腓肠肌痉挛时，不要惊慌，深吸一口气，仰浮于水面，用抽筋肢体对侧的手握住抽筋肢体的足趾，用力向身体方向回拉，同时用同侧的手掌压在抽筋肢体的膝盖上，伸直膝关节，即可缓解；如果不行，应大声呼救或立即上岸处理。

(四) 运动性中暑

中暑是指在高温和热辐射的长时间作用下，发生体温调节障碍，水、电解质代谢紊乱及神经系统功能受到损害的症状。根据发病机制和临床表现的不同，通常可将中暑分为热痉挛、热衰竭和热（日）射病。运动性中暑通常指由于运动的原因大量产热，而造成运动者体内过热，发生高热出汗或肤燥无汗、烦躁、口渴、神昏抽搐，或以呕吐腹痛为主要表现的疾病。此症多见于从事较长时间或较大强度运动的运动者。

运动中运动者发生中暑时，首先应把患者送到阴凉通风处，对患者进行降温治疗，可采取药物降温法和物理降温法，并同时给患者补充葡萄糖溶液或者生理盐水。中暑严重的患者在经临时处理后，应紧急送往医院进行治疗。

二、运动疾病预防

(一) 剧烈运动后的冷水浴

剧烈运动后,通常会汗流浃背、身体疲劳,这时是不宜进行冷水浴的,这是因为在运动过程中肌肉会消耗很多的营养物质,同时机体新陈代谢会增强,体内因为运动所产生的热量需要散发出去,即使运动停止,汗腺的散热任务也不会立刻停止。如果运动后立即进行冷水浴,会导致皮下血管突然收缩,体内的热量不能很好地散发出去,人体积留太多热量就会生病,因此一定要采取温水洗浴,以增进血液循环,消除疲劳。

(二) 剧烈运动前后的饮食

运动时血液大量地供向运动系统的肌肉,如果进食后立即运动的话,消化系统还要承担繁重的消化任务,就会产生供血不足、影响消化系统的运作等问题,导致肠胃疾病。运动前后和进食之间最少要有半个小时的时间间隔,这样消化系统的负担也小,也容易获得理想的锻炼效果。

(三) 运动中的饮水

运动不仅会大量消耗能量,运动后因大量出汗也会丧失水分,人体缺水就会影响生理机能的工作能力。及时给身体补充体内流失的水分是生理的需要,不然运动者会出现口干舌燥、精神不振的情况。

(四) 运动中的呼吸

运动中一直提倡用鼻子呼吸,但是有些人认为运动时会增加通气量,单纯用鼻子呼吸根本满足不了人体的通气需求。其实,这种想法是不正确的,掌握好运动节奏,两个鼻孔完全可以满足人体通气的需求。假如实在难以做到,而又为了减少细菌的侵入,可在呼气的时候用嘴巴来辅助,但一定要用鼻子来完成吸气动作。

三、运动性疲劳及其恢复

(一) 运动性疲劳

1. 运动性疲劳的定义

运动性疲劳是一种正常的生理现象,通常是由于运动时间过长,导致身体功能出现暂时性下降，这对人体健康没有妨碍，一般通过休息就可以调整过来。

2. 运动性疲劳的成因

运动性疲劳也是一种生理性疲劳，是指在过度运动后身体会暂时降低机体的运动能力。运动过程中，身体疲劳和心理疲劳有着密不可分的关系，两者相互影响，换句话说，运动性疲劳是心理疲劳和身体疲劳的总称。

（二）消除运动疲劳的措施

消除运动性疲劳常用的措施有物理手段（按摩、热疗等）、补充营养、心理恢复手段、积极性休息、睡眠等，这些方法都可以在短时间内有效地缓解因过度运动而带来的机体疲劳。

1. 按摩

人们在日常生活中常利用手、足、按摩器械等多种手法和工具，通过刺激体表的穴位，改善血液循环，加快人体新陈代谢，缓解疲劳，调节人体的生理功能，预防疾病的产生。

2. 合理补充营养

运动性疲劳最常见的原因就是人体能量的供应问题，关键是要能够在运动过程中供应合理的营养，一旦运动者出现运动疲劳的现象，应立即补充人体所需的糖分和维生素；特别是经常运动的人，一定要注意在日常生活中合理搭配饮食，保证人体充足的能量供给。合理的营养能增强体质，缓解运动疲劳，提高运动效率。

3. 心理恢复手段

疲劳包括身体疲劳和心理疲劳两种。千万不要小看了心理疲劳对身体疲劳的影响，在运动过程中，可以适当地采用心理手段对运动者进行积极的暗示和引导，让运动者在运动过程中获得相应的心理调节，让身体和心理得到放松。实践表明，科学、合理的心理治疗可以帮助运动者有效地缓解运动疲劳。

4. 积极性休息

如果长时间进行运动或体力劳动，大量的二氧化碳就会堆积在体内，使人们感觉到乏力、疲劳，人体机能就会下降，这时就要通过洗温水澡、按摩和物理疗法等一些积极的休息措施来进行改善，洗温水澡是最常用的且速度最快的消除疲劳的方式，按摩则可以加快血液循环，消除疲劳，恢复人体机能。

5. 睡眠

良好的睡眠就是最好的休息，生活中睡眠占据了相当一部分时间，好的睡眠不仅能增加生活原动力，还可以消除疲劳。科学的睡眠一定要具备以下几点。

（1）良好的睡眠环境。

（2）每天保持7~8小时的睡眠时间。

（3）最好要南北方向放床，枕头的高度在10厘米左右。

（4）最好是仰卧或者向右侧卧，要避免趴着睡。

第三章　大学生身体素质训练研究

第一节　力量与速度素质训练

一、力量素质概述

力量素质是指人的身体或身体某些部分用力的能力，或指肌肉在人体活动中克服内部和外部阻力的能力。内部阻力包括人体自身的重力、关节的加固力、肌肉韧带的黏滞力、人体内部的反作用力（惯性力）等；外部阻力包括重力、支撑反作用力、摩擦力、离心力、介质阻力、惯性力等。

正确地认识力量的分类和力量组成成分，能使教练员有效地安排和选择力量训练手段，提高力量训练的效果。

力量的分类方法有多种，一般按力量的训练作用划分为：最大力量、速度力量、力量耐力。

（一）最大力量

指肌肉通过最大随意收缩抵抗无法克服的阻力过程中所表现出的最高力值。最大力量取决于传入肌肉的神经冲动的强度和频率，以及肌肉收缩的内协调能力和关节角度的变化。

（二）速度力量

指肌肉尽快和尽可能高地发挥力量的能力。速度力量取决于肌肉的收缩速度和最大力值，可用速度力量指数表示。

（三）力量耐力

指肌肉在静力或动力性工作中长时间保持肌肉紧张用力而不降低工作效果的能力。

力量耐力又可分为动力性力量耐力和静力性力量耐力。动力性力量耐力由最大力量耐力（发挥最大力量的能力）和快速力量耐力（重复发挥快速力量的能力）组成，主要表现在田径、游泳、球类、体操等快速力量项目，静力性力量耐力主要表现在射击、射箭、摔跤和支撑性运动中。

二、力量素质训练原则

鉴于大多数力量训练计划均采用任意重量，所以教练员在训练时应注意以下原则：

（一）与其他训练手段相对应

力量训练计划所采用的任意重量应与其他训练手段（实心球、力量训练器械、弹跳等）相对应，这样可使训练效果更好。多种训练方法相辅相成，有利于运动员的进步。

（二）采用两种练习方式

力量训练既可采用分解练习，也可采用综合练习，两种练习的训练效果有所不同。分解练习是对小块肌群或个别肢体进行训练，因此训练效果完全属于局部性提高。分解练习的优点是可以使各肌群能力交替得到提高，但对提高一般性耐力却作用不大。因此，耐力性项目，应当采综合练习的方法，使各部位肢体及多组肌群同时参加运动。综合练习的负荷量虽然比分解练习低，却可以培养良好的身体机能。

（三）运动前做好准备工作

在主动性运动部位开始运动之前，应首先活动被动关节。如在进行上肢力量训练之前，应先活动支撑部位的肌肉和韧带（如脊柱、肩胛带）。在力量训练课之前进行准备活动，便是根据这一道理。

（四）提高柔韧性

开始肌肉力量训练之前，应先提高柔韧性，以防关节僵硬造成损伤。柔韧性练习不仅应在准备活动时进行，而且也应在力量练习的间歇过程中安排，这样有助于肌肉的迅速恢复。因为柔韧性练习可以使肌肉更快回到正常休息时的状态。还应注意的是，运动的效果不仅取决于主动肌力量的提高，还取决于对抗肌的放松程度。

三、速度素质的概念及分类

速度素质是指人体或人体某部位快速运动的能力。也就是人体或人体某一部位快速做出运动反应、快速完成动作、快速移动的能力。

对于速度素质的内涵过去有着不同认识，不少人认为速度就是跑得快、游得快，尽快向前运动的能力。近些年学界对速度的认识逐步趋向一致。如普拉诺夫认为速度是指运动员保证在最短时间内完成动作的综合功能。盖·施莫林斯基提出所谓速度是指在神经系统和肌肉组织运动过程的可变性的基础上，以一定的速度来完成动作的能力。图多·博姆帕将速度的内涵定义得更为简明：速度是人体快速运动的能力。我国的过家兴教授提出：速度素质是人体快速完成动作的能力和动作反应时间的总称，也可理解为人体（或身体的某部分）进行快速运动的能力。董国珍教授指出：速度素质是指人体快速运动的能力，其包括人体快速完成动作的能力和对外界信号刺激快速反应的能力。上述专家学者对速度内涵所表达的方式虽有差异，但其含义基本上是一致的，速度素质包括三个方面，即运动时人体对各种信号刺激的快速反应能力，快速完成动作的能力，快速通过一定距离的能力。

四、位移速度的练习

位移速度在某种意义上可看成是一种人体综合运动能力。位移速度的快慢不仅和动作技术水平有关，而且与力量、柔韧、速度耐力以及协调性的发展有着十分密切的关系。从另外一个角度也可把位移速度看成是动作速度、速度耐力与意志力的组合。所以练习位移速度可采用以下方法：

（一）力量练习

力量练习是提高位移速度的基本方法之一。常用的发展位移速度的力量练习有负重杠铃、各种单双足跳、多级跳和跳深等形式。力量水平特别是爆发力水平的提高对位移速度的提高具有相当重要的意义。不过，在力量练习中应注意以下几点：

（1）力量练习时，以提高速度力量为主，通常是强调负重力量练习的速度，力争快速完成。

（2）注意采用极限和次极限负荷强度，以提高快肌纤维的功能。练习的次数与组数不宜过多。

（3）通过力量练习提高肌肉、韧带的坚韧性，防止在速度训练中受伤。

（4）力量练习后应有 2~6 周的减量练习阶段，以便通过延缓转化把所提高的力量能力转移到速度能力上去。

（5）多做一些超等长的力量练习（如多级跳、跳深等），以提高肌肉收缩时的快速力量。

（二）重复练习

是指以一定的速度，多次重复一定距离的练习，这种方法对提高人体在快速移动中克服各种内外阻力以及速度耐力十分重要。

1. 练习强度

练习强度是提高运动员快速移动能力的主导因素。位移速度属极限强度，应以高强度进行位移速度的练习，强度一般可控制在 90%~95% 左右，在此之前要安排一些中等或是中上强度的练习来适应。在高强度练习中，运动员要高度集中注意力，最大限度地动员肌肉力量，并加大动作速度与幅度，发挥最高速度水平。

2. 练习量

位移速度练习要保证一定时间，但不宜太长。高强度练习一般持续时间在 20 秒以内，距离 30~60 米，游泳 10~15 米，速滑 100~200 米为宜。次数和组数的确定应根据运动员高速度出现与保持的时间，以及克服疲劳和机体恢复能力来决定。一般说，极限负荷时间短，一组 6~7 次，重复 5~6 组；非极限负荷时间长，重复次数与组数减少。

3. 间歇安排

间歇安排应以运动员机体相对得到恢复为标准。运动员在下一次练习开始前，中枢神经系统又再度兴奋，机体内物理化学变化在很大程度上已经中和，能保证下次练习的能量供应。间歇时间的长短主要和练习持续时间有关。一般来说，练习持续时间 5~10 秒，各次练习间休息 1~2 分钟，组间歇 2~5 分钟；若练习持续时间 10~15 秒，各次练习间休息 3~5 分钟，组间歇 10~20 分钟。

4. 肌肉的放松能力

在重复练习中，肌肉在极限强度负荷下完成最快的收缩功能，容易疲劳，恢复较慢，所以在练习中要重视提高肌肉的放松能力，也就是肌肉主动恢复的能力。大量的材料表明，放松能力对速度运动项目的影响越来越大。

（三）步频、步幅练习

步频和步幅是影响位移速度的两个主要因素。步频受肌纤维类型和神经活动灵活性制约，步幅受腿的长度、柔韧性、后蹬技术力量的制约。这五个因素中，只有柔韧性和后蹬技术通过训练能得到改善，其他三个因素由于受遗传的影响，后天改善的程度有限。因此，对有一定训练水平的运动员，主要是通过提高步幅来提高移动速度。

目前，通过人为条件发展步频、步幅的手段很多，如牵引机、加吊架的领先装置、转动跑道、惯性跑道等。

（四）比赛法、游戏法练习

比赛法是速度训练中经常采用的方法。由于移动速度练习时间短，经常采用比赛法是可行的。采用比赛法能促使运动员情绪高涨，表现最大速度的可能性就会增加。通过比速度、比技术、比成绩等可以激励斗志，鼓舞情绪。在比赛的条件下，往往能比平时更快地作出反应，完成快速移动。游戏法同比赛法作用一样，可以激起运动员高涨的情绪。同时，由于游戏过程能引起各种动作变化，因此可以防止由于经常安排最大速度练习而引起的速度障碍形成。

五、速度素质训练

（一）速度训练的特点

短跑成绩是由起跑反应时间、加速跑时间、途中跑时间、终点跑时间四个部分构成的。起跑反应时间主要表现为运动员听枪声后起动的快慢，加速跑时间主要由加速度大小决定，途中跑主要表现为高速度和保持最高速度的能力，终点跑主要反映运动员速度耐力水平的高低。由此看来，短跑运动员的速度训练包括反应速度、加速度、最高速度三类。实质上这三类速度训练反映出速度的最基本表现形式为反应时、动作速度、动作频率。

速度训练的效果在很大程度上取决于速度练习距离的选择、练习量的掌握，以及恢复时间的控制。短跑运动员的速度练习距离选择要适宜，既不能太短也不能太长，距离太短效果不明显，太长则具有速度耐力的因素。据研究，短跑运动员从静止开始加速到个人最高速度，一般需 5~6 秒时间（少年儿童略短于此时间），因而，速度训练的最佳距离应选择在 30~80 米（少年选择 30~60 米为宜）。由于速度训练对神经肌肉系统的要求很高，必须要求神经系统在高度兴奋的状态下去进行速度练习，这样才会有好的效果。因此，速度训练必须安排在其他基本训练内容之前进行。同时，必须严格控制练习量与恢复时间。一般在一次速度训练课中练习量应控制在 5~10 次，恢复时间必须保证运动员快速完成动作的能力得到恢复才可进行下一练习。

在速度训练中还应特别注意防止"速度障碍"的过早出现，最好的办法就是经常改变练习的手段、强度、节奏和条件（容易的或困难的），使运动员不致建立过于刻板的动力定型。运动员的速度训练必须从小抓起，特别是反应速度、动作速度和频率的发展敏感期在 8~14 岁，因此，在这个时期必须充分重视反应灵敏性与动作速度的培养与发展。

（二）影响速度素质发展的因素主要有哪些

1. 遗传因素

与具有后天形成特点的力量和耐力素质（此两种素质不要求特殊的先天才能，经过良好的训练便可得到很大提高）相比，速度训练要求先天才能，遗传因素对于速度成绩的提高起着决定性的作用。因此，神经活动过程的灵敏度、兴奋与抑制间的快速交替以及神经肌肉间的协调和调整能力等都会对运动的速度产生影响。此外，神经冲动的强度和频率也是影响速度的决定性因素。

骨骼肌的构成是影响速度的因素之一。这一点反映在慢肌纤维（红肌）与快肌纤维（白肌）间结构和比例的差异上。白肌纤维的收缩速度要高于红肌纤维，这对于短跑运动员十分有利。因此，荷兰遗传学家德弗里斯提出，最大速度能力受到肌肉组织本身运动速度的制约，可见遗传是影响速度的重要因素。

2. 反应时

反应时是指练习者接受刺激与做出第一个肌肉动作反应之间的时间，也具有遗传的性质。从生理学的观点看，反应时包括五个阶段：一是感受器接受刺激信号；二是刺激传至中枢神经系统；三是刺激通过神经通路传导并产生效应信号；四是效应信号从中枢神经系统传递至肌肉；五是刺激肌肉完成机械做功。其中第三阶段需时最长。

3. 克服外部阻力的能力

大多数运动项目中，爆发力（肌肉快速收缩产生的力或运动员快速发力的能力）是完成快速运动的决定性因素之一。在训练和比赛过程中，运动员快速运动的阻力来自重力、器械阻力、环境阻力（水、雪、风等）以及对手等。为了克服这种阻力，运动员必须提高自己的力量，即通过提高肌肉收缩的力量增加完成技能的速度和力量。

4. 技术、速度、运动频率

这些往往都要受到技术的影响。合理、有效的技术可以通过缩短运动杠杆、正确摆放重心、有效使用能量等快速完成动作。此外，良好的技术还可以使对抗肌之间更为协调和放松，从而使动作完成更省力、更协调。

5. 注意力与意志力

运动速度不仅受到神经系统活动过程是否活跃、协调等因素的影响，还受到神经冲动频率、冲动方式，以及注意力集中等因素的影响。坚强的意志力与高度的注意力集中是获得高速度的重要保证。因此，在速度训练中采取专门的方法提高练习者的意志品质是极为必要的。

6. 肌肉弹性（活性）

良好的肌肉弹性及主动肌肌间的合理交替是实现快速运动，准确完成技术动作的重要保证。此外，关节的灵活性也影响着大幅度完成动作的效果（如步幅），这对于要求快速奔跑的项目尤为重要。因此，每月进行灵活性训练，特别是踝关节与髋关节的灵活性训练，也是不可缺少的。

第二节 耐力素质训练

耐力素质是指人体在长时间进行工作或运动中克服疲劳的能力，也是反映人体健康水平或体质强弱的一个重要标志。该素质的发展水平是由运动员机体的能量潜力和具体运动项目所要求的运动员身体的适应能力、技战术效果、心理素质来决定的。这些素质不仅能保障运动员在比赛与训练活动中肌肉活动的水平，还能控制疲劳的发展过程。

运动疲劳不是某种单一的各种肌肉活动形式的一般性生理综合过程。在程度不同的情况下各种参与工作的生理系统和机能不同，因此在某种程度上会出现在机制上有区别的各种类型的疲劳。

当完成最大无氧强度的练习后，疲劳首先与中枢神经系统和完成神经肌肉工作的器官有关。在完成这些练习后，运动中枢能使大量的脊髓运动神经元活跃起来，并保障它们高质量地运行。运动中枢可在几秒内达到最大限度地活化。在完成这些练习时磷酸、肌酸消耗得相当快，这就是疲劳产生的主要机制之一。

在完成接近最大无氧强度的练习时（通常是20~45秒），疲劳不仅与中枢神经的能力下降和磷酸肌酸的耗尽相关，还与在肌肉和血中代谢产物的堆积有关。代谢产物包括乳酸的大量堆积，显然对中枢神经系统的活动有着不良影响。

在完成接近最大有氧强度练习时（持续时间为30~80分钟），疲劳与氧运输系统的大负荷有关，也与作为基质的肌糖元和血糖的运用相关。疲劳的发展主要是由肌肉和肝内的糖元消耗来确定的，也与心肌效率下降有关。

在完成中等强度有氧练习时（持续时间为80~120分钟），疲劳的机制和局限性与具有次最大强度特征的有氧练习相类似。除此之外，在疲劳的发展过程中，体温调节的破坏具有重要的影响，这可能会引起体温急剧提高。

以上对运动员在各种不同强度工作时的限制，并不能概括现代竞技运动中所反映的各种运动形式在不同条件下疲劳发展的所有综合原因。例如，射击与射箭，并不需要很高的能量保障系统的能力，但这些项目对运动员分析器的活动提出了相当高的要求，而这些分析器能力的抑制往往限制着运动员的耐力。在球类项目一对一的交锋中，心理因素引起的疲劳则要提到首要位置，因此在研究发展耐力方法和结构时要考虑到这一点。

一、耐力素质的分类与特点

根据活动持续的时间，可把耐力素质分为短时间耐力、中等时间耐力和长时间耐力。短时间耐力主要指持续时间为45~120秒的运动项目（如400米跑、800米跑）所要求的耐力。运动中的能量供应主要通过无氧过程提供，氧债很高。400米跑能量的80%由无氧系统提供，800米跑能量的60%~75%由无氧系统提供。中等时间耐力主要指持续时间为2~8分钟的运动项目所需要的耐力。其强度小于短时间耐力项目而大于长时间运动项目，供氧不能全部满足需要就会出现氧债。3000 米跑中约 20% 的能量由无氧系统提供，1500 米跑中能量的 50% 由无氧系统提供。通过有氧和无氧的混合过程提供运动所需要的能量。长时间耐力是指持续时间 8 分钟以上的运动项目所需要的耐力。整个运动过程，人体心血管和呼吸系统高度动员，心率、每分钟心排血量、肺通气量都达到相当的程度，才能保证运动的有氧过程。

根据与专项运动的关系，耐力素质可分为一般耐力与专项耐力。一般耐力是指运动员有机体各器官系统长时间协调工作的能力，包括以下特征：工作持续时间长、不间断、大肌肉群参加工作、运动强度相对不大、心血管系统的功能与活动形式和时间相适应。专项耐力是指运动员有机体为了提高专项成绩，最大限度动员机能能力，长时间地承受专项负荷，并保持工作的能力。专项耐力的主要特征是突出体现专项特点，满足专项运动的需求。如短跑项目需要保持较长时间快速跑的专项耐力，举重与体操项目则需要保持较长时间发挥力量能力的专项耐力。一般耐力和专项耐力之间存在着密切的关系。由于一般耐力是在多肌群、多系统（中枢神经系统、心肺系统）长时间工作的条件下形成的，这就已经为专项耐力的发展创造了良好的条件。无论专项特点如何，良好的一般耐力水平都有助于运动员在专项耐力的发展中获得成功。所以，学术界也常把一般耐力看成是专项耐力发展的基础。

根据器官系统的机能，耐力素质可分为心血管耐力和肌肉耐力。心血管耐力是循环系统保证机体长时间肌肉活动时营养和氧的供应以及运走代谢废物的能力。心血管耐力是影响耐力素质最重要的内在因素。根据运动时能量供应中氧参加的程度，心血管耐力可分为有氧耐力、无氧耐力、有氧无氧混合耐力和缺氧耐力。有氧耐力是指机体在有氧供应比较充足的情况下的耐力，无氧耐力是机体在氧供应不足有氧债情况下的耐力。无氧耐力又可以分为乳酸供能无氧耐力（糖元无氧酵解供能）和非乳酸供能无氧耐力（ATP、CP 分解供能）。有氧无氧混合耐力是指机体在具有有氧和无氧双重情况下的耐力。缺氧耐力是机体在严重缺氧或处于憋气状态下的耐力。肌肉耐力是指运动员肌肉系统在一定的内部与外部负荷的情况下，能坚持较长时间或重复较多次数的能力。肌肉耐力和力量水平的发展关系极为密切，发展肌肉的最大力量能有效地促进肌肉耐力水平的提高。根据运动时参与工作的肌肉群数量或身体活动部位不同，肌肉耐力可分为局部耐力和全身耐力。

根据肌肉的工作方式,耐力素质还可分为静力性耐力和动力性耐力。静力性耐力是指有机体在较长时间的静力性肌肉工作中克服疲劳的能力。如在射击、射箭、举重的支撑、吊环的十字支撑等过程中表现出的耐力水平。动力性耐力则指有机体在较长时间的动力性肌肉工作中克服疲劳的能力。

二、耐力素质的评定及训练负荷量的确定

评定有氧耐力的方法很多,经常采用的方法是一定距离的计时位移运动,如 1500~10000 米跑、400~3000 米游泳等,还有计距离的 12 分钟跑等。

（一）持续训练法

1. 负荷强度

采用持续训练法发展有氧耐力的训练强度相对较小,心率可控制在 145~170 次/分。这个训练强度对提高运动员心肌功能尤为有效,对改进肌肉的供血能力和直接吸收氧的能力也有特殊意义。有氧耐力训练的适宜心率可通过公式:安静心率+（最大心率−安静心率）×（60%~70%）来计算。据研究,心率控制在这个水平线上,机体的吸氧量可达到最大值的 80% 左右,心排血量增加,可促进骨骼肌、心肌中的毛细血管增生。假如超过这个界限,如 170 次/分以上,机体就要产生氧债,使训练效应发生变化。假如低于这个界限,如 140 次/分以下,心排血量达不到较大值,同时吸进的氧气也少,则会影响训练效果。

2. 负荷数量

负荷数量取决于运动员的训练水平,训练水平高的运动员承受大负荷量,如持续跑可坚持 2 小时,而训练水平低的运动员只能承受较小的负荷量。但是一般来讲,发展运动员有氧耐力训练时间每次不能少于 20 分钟。

3. 工作方式

运用持续训练法发展运动员有氧耐力的工作方式很多。如中长跑运动员可采用:

①匀速持续跑。心率控制在 150 次/分左右,时间坚持 1 小时以上,这种练习节省体力,效果好。

②越野跑。时间为 1.5~2 小时,跑的速度可匀速可变速,在自然环境中练习可提高练习者的兴趣,有利于推迟疲劳的产生。

③变速跑。为发展运动员的有氧耐力水平，可广泛使用变速跑，负荷强度可从较小强度（如心率 130~145 次/分）提高到较大强度（如心率 170~180 次/分），持续时间在半小时以上，使用变速跑可提高运动员比赛的适应能力。

④法特莱克跑。法特莱克跑有利于提高运动员训练的兴奋性，使他们吸进更多的新鲜氧气，推迟其疲劳的出现。

（二）间歇训练法

1. 负荷强度

采用间歇训练法发展有氧耐力，在工作进行中，心率可达 170~180 次/分，如果工作距离长，心率就会低于这个数值。

2. 负荷量

间歇训练中分段练习的负荷量常常用距离（米）或用时间（秒）两个指标来表示。依时间指标来表示，持续工作时间不超过 2 分钟，最少则可几秒，这是因为间歇训练法工作的强度大，一次练习的持续时间不能过长，否则会导致训练效应的改变。

3. 间歇时间

运用间歇训练法必须严格控制间歇时间，一般要求机体未充分恢复，心率恢复到大约 120 次/分时，便可进行下一次训练。

4. 休息方式

运用间歇训练法时，在两次（组）练习之间应进行积极性的休息，以有利于恢复。

5. 练习的持续时间

运用间歇训练法时，在练习所需持续时间较长，有时需要半小时以上，时间过短则难以取得理想的训练效果。

（三）循环练习

应选作用于心血管耐力的练习为主要练习手段。每次练习负荷，可按极限负荷的 33% 左右安排。

（四）游戏练习

游戏练习适用于初练者，负荷强度以心率 140~150 次/分为宜，运动时间在 20 分钟以上。

三、糖酵解无氧代谢供能的无氧耐力评定与训练负荷量的确定

（一）糖酵解无氧代谢供能的无氧耐力的评定

评定糖酵解无氧代谢供能的无氧耐力可采用持续1分钟的练习作为评定指标，如400米跑。

（二）糖酵解无氧代谢供能的无氧耐力训练负荷的确定

1. 负荷强度

提高糖酵解无氧代谢供能的无氧耐力训练的强度为80%~90%，以使运动员机体处于糖酵解供能状态。

发展糖酵解无氧代谢供能的无氧耐力训练，一次练习的持续时间介于1~2分钟，若以跑为训练手段时，其距离应控制在300~800米，一般以400米为宜；若以游泳为训练手段时，其游程可控制在100~200米。

2. 重复练习的次数与组数

每组练习的重复次数不必过多，如3~4次，以保持必要的训练强度。练习的重复组数应视运动员训练水平而定。一般来讲，训练水平低的新手重复组数少，如2~3组；对训练有素的运动员可安排3~5组。确定练习重复组数的基本原则是，使运动员在最后一组也基本能保持所规定的负荷强度，而不应下降得过多。

3. 间歇时间

发展糖酵解无氧代谢供能的无氧耐力间歇时间安排有两种做法：一种是每次间歇时间恒定不变的方式，如每次练习之间休息4分钟。另一种是采取逐渐缩短时间的方式，如第一、二次之间间歇5~6分钟，第二、三次之间间歇4~5分钟，第三、四次之间间歇3~4分钟。这样做有利于使体内乳酸堆积达到较高值。

间歇时间的确定又受负荷距离及强度的影响，距离长、强度大，间歇时间就长；距离短、强度小，间歇时间就短。组间的间歇时间一般要长于组内间歇时间，以利于恢复。

四、耐力训练的方法

耐力素质的练习方法较多，而且各种方法都有其特点。总的来说，这些

特点基本上又体现在耐力素质练习的过程中，如在练习强度、持续时间、间歇时间、练习方式、重复次数等因素的组合与变化上。目前，常用的耐力练习方法有以下几种：

（一）持续练习法

持续练习法是指在相对较长的时间里（不少于30分钟），以较为恒定的强度持续进行练习的方法。持续练习法具有持续刺激机体的作用，有利于改善大脑皮层神经活动过程的均衡性和提高心血管系统和呼吸系统的功能，能较经济地利用体内储备的能量，发展有氧和一般耐力。

持续练习法由于持续时间较长，又没有明显的间歇，所以总的练习负荷量较大。但是练习时的强度较小，而且比较恒定，变化不大，一般在60%的强度上下波动。练习对机体产生累积性的刺激比较缓和。持续练习时，内部负荷心率一般控制在140~160次/分的范围内为宜，优秀运动员可达160~170次/分。

构成持续练习法的基本要素是重复练习的方式、时间与强度。在方式固定的情况下，练习的时间与强度可作相应调整，如练习强度大，时间可缩短；练习强度小，则可适当延长练习时间。

（二）重复练习法

重复练习法是指不改变动作结构和外部负荷表面数据，在相对固定的条件下，按照既定间歇要求，在机体完全恢复的情况下反复进行练习的方法。重复练习法能使能量物质的代谢活动得到加强，并产生超量补偿与积累，既有利于发展有氧耐力，又有利于发展无氧耐力。

重复练习法每次练习的负荷量与强度可大可小，根据具体任务、目的而定。由于每次练习前均需恢复到开始练习前的水平，即心率在100~120次/分的水平上，故每次练习可以保证强度在中等偏大或极限强度的90%~100%范围内，从而使有机体的耐力水平得到有效的提高。如长时间的重复练习，强度稍大于持续练习法，有利于有氧耐力的提高，而强度在90%以上的练习，则有利于无氧耐力的发展。

（三）间歇练习法

间歇练习法是指在一次（组）练习之后，按照严格规定的间歇负荷和积极性间歇方式，在机体未完全恢复的情况下进行下一次（组）练习的方法。

间歇练习法与重复练习法较相似,主要区别在于间歇的不同要求。重复练习法的间歇是采用完全恢复的间歇负荷和无严格规定的间歇方式(多以消极性的静息为主)进行的。而间歇练习法则是以未完全恢复的间歇负荷和积极性的间歇方式进行的。运动员总是在未完全恢复的状态下进行下一次练习,有明显的疲劳积累,对机体的刺激强度较大。间歇练习法间歇后心率一般在120~140次/分,明显高于重复练习法,但其练习强度因间歇负荷水平较高而无法达到重复练习法的水平。练习时一般心率在170~180次/分,负荷强度70%~80%,有利于提高机体的心肺功能和无氧代谢能力。

间歇练习法的持续时间与练习强度之间形成一种对应关系,强度大,时间就少;强度小、时间就稍长。据此,间歇练习法可分为低强度间歇练习法和高强度间歇练习法。

低强度间歇练习法也称非强化间歇练习法。其负荷在周期性项目中一般为本人最大强度的60%~80%,在非周期性项目中为50%~60%,负荷持续时间为45~90秒,此方法有助于发展有氧无氧混合代谢能力和专项能力。

高强度间歇练习法也称强化间歇训练法。其负荷强度在周期性项目中一般为本人最大强度的80%~90%,在非周期性项目中为70%~80%,每次练习的时间因强度较大而相对较短,在15~60秒。这种方法对发展速度耐力和专项耐力均有较大作用,在周期性项目中运用时,有时也可用小段落和短间歇的方式进行安排,这有助于提高无氧非乳酸代谢能力。

在练习时要严格掌握间歇时间和间歇的方式。当心率降低于120~140次/分时,必须及时让运动员进入下一次练习,心率处于120~140次/分时,心脏每搏输出量和耗氧量达最大值,最有利于提高心肺功能。心率降到120~140次/分的时间,一般占练习后完全恢复时间的一半。如练习后完全恢复的时间为3分钟,那么未完全恢复的时间在1分半之内。至于积极性的间歇方式可采用走、慢跑、活动性体操等形式,其对肌肉中的毛细血管可起到按摩作用,使血液尽快回流心脏,再重新分配到全身,由此迅速排除机体中堆积的酸性代谢产物,以便于下一次练习。

构成间歇练习法的基本要素有练习的数量、强度、间歇的时间与方式和重复次数等。不同的练习目的对这些要素的组合变化要求也不相同。如以周期性项目中跑的练习为例,发展一般耐力时,每次练习的距离要长,组数要多,中小强度;发展力量耐力时,负重较轻、中等强度,练习次数和组数较多。还可以在练习中提高每次练习的强度（适用于周期性短跑项目和举重项目），增加重复练习的次数（适用于周期性长跑项目和球类项目）和调整间歇时间等基本要素，加大对运动员机体的刺激，贯彻超量负荷原理，从而使有机体的机能得到提高。

（四）变换练习法

变换练习法是在变化各种因素的条件下反复进行练习的方法。由于耐力练习比较枯燥，采用变换练习法可以在一定程度上提高练习者的练习兴趣和积极性，从而提高练习的效果。

变换练习法所变换的因素一般有练习的形式、时间、次数、条件、间歇的时间、方式与负荷等。以上因素只要改变其中一个因素，就会由于这一因素的变化对练习者机体造成负荷刺激的变化。因而变换练习法的核心是变换运动负荷。变换运动负荷的形式一般有三种：一种是不断增加负荷，另一种是不断减少负荷，还有一种是负荷时增时减。在实际练习中究竟采用哪一种形式，应视具体情况而定。如要加大对机体的负荷刺激，就要增加负荷。如要提高机体对负荷刺激的适应能力，就应注意负荷的变化，时增时减。

法特莱克法是变换练习法的一种特殊形式，也可以理解是一种由持续练习法和变换练习法综合而成的组合练习法。其特点是在各种变换的外界自然环境条件下进行持续变速跑的练习，时间长达 1~2 小时，强度自我调节，有节奏的变化。如在草地、树林、小丘、小径等自然条件下，把快慢间歇跑、重复跑、加速跑和走等方法不规则地混合起来练习，跑的距离可为 5~15 千米。法特莱克练习对练习的过程没有明确的限制，练习者可自由选择地形，确定速度和路线。因此，这种方法能使耐力练习变得较为生动，使运动员在练习中能主动投入，积极进取，有利于发展一般耐力。

变换练习法可以提高练习的兴趣和积极性，在运用时要注意贯彻循序渐进的原则，各种因素的变换一开始不能太突然，以免机体不能适应而受伤。

（五）游戏与比赛练习法

游戏与比赛练习法是指运用游戏与比赛的方式进行练习的方法。这种方法能较快地提高运动员练习的兴趣和积极性，并在练习中充分发挥主动精神，使身体素质能够承受较大强度的负荷，有利于提高有氧耐力和无氧耐力。

游戏法与比赛法是两种有紧密联系的练习方法，比赛法是从游戏法发展而来的，但练习强度大于游戏法。故儿童少年时期发展耐力不采用比赛法，一般由玩耍性质的游戏练习逐步过渡到带有比赛性质的游戏练习。等生长发育基本成熟后，就可采用比赛法来加大练习的强度，从而提高专项耐力水平。

发展耐力素质的游戏法有球类游戏和田径游戏，常用的比赛法有训练课中安排的练习赛和对抗性练习等。无论是游戏法还是比赛法，都容易激发练习者的练习性情，以致难以控制自己。因此，采用游戏与比赛练习法时，应控制练习者的热情，掌握好运动负荷，以免因过于兴奋和体力消耗过大而造成有机体损伤或机体工作能力下降。

（六）高原训练法

主要利用高原空气稀薄的自然条件，在缺氧的情况下进行训练。这有利于刺激机体，改善呼吸及循环系统的机能，提高最大吸氧能力，刺激造血功能，增加血液中红细胞和血红蛋白的数量，提高输氧能力。因而高原训练可以提高运动员对氧债的承受能力，进而提高有氧耐力和无氧耐力水平。

（七）循环练习法

循环练习时的各站内容及编排，必须符合专项特点的要求，同时应根据渐进负荷或递增负荷的原则安排练习。

以上所介绍的耐力练习方法基本上是单一类型。在实际发展耐力素质的练习过程中，往往还要采用综合练习法，即组合练习法和循环练习法。

第三节 灵敏和柔韧素质训练

一、灵敏素质训练理论与方法学

灵敏素质是指人体在各种突然变换的条件下，快速、协调、敏捷、准确地完成动作的能力。它是人的运动技能、神经反应和各种身体素质的综合表现。

灵敏素质之所以是运动技能、神经反应和各种素质的综合表现，是因为各专项的每一个动作都不同程度地体现了力量、速度、耐力、柔韧等素质。通过力量特别是爆发力量，控制身体的加速或减速；通过速度，特别是爆发速度，控制身体移动、躲闪、变换方向的快慢；通过柔韧保证力量、速度的发挥；通过耐力保证持久的工作能力。这些素质的综合运用才能保证动作的熟练程度，而动作的熟练程度必须在中枢神经的支配下才能运用自如。因为神经反应决定了反应速度的快慢，决定了判断是否准确和及时做出应答动作的快慢。

因此反应迅速、判断准确、及时做出应答动作是灵敏素质的先决条件，各素质协同配合是完成应答动作的基础。应答动作的熟练程度直接体现了灵敏素质的高低。所以说，灵敏素质是运动技能、神经反应和各种素质的综合表现。

灵敏素质没有客观衡量标准，只有通过动作的熟练程度来显示灵敏素质的高低。它不像其他素质有客观衡量标准来测定其素质的优劣。如力量用重量的大小来衡量，单位是千克；速度用距离和时间的比来衡量，单位是米/秒；耐力用时间的长短或重复次数的多少来衡量；柔韧用角度、幅度的大小来衡量；而灵敏素质只有用迅速准确协调完成动作的能力来衡量。例如运动员的躲闪能力，必须通过躲闪动作来体现，而躲闪的快慢就表现了灵敏程度的高低。但完成躲闪动作是以各素质为基础的，反应判断的快慢决定相应躲闪动作的快慢，速度力量又决定了反应动作的快慢，因此运动员在没有做出躲闪动作之前无法衡量其在躲闪方面的灵敏素质，诸如急跑急停、转体、平衡等动作也都如此。因此身体素质越好，完成动作越熟练，所表现的灵敏素质就越好。离开其他素质和运动技能根本谈不上灵敏素质，而灵敏素质只有通过熟练的动作才能表现出来，单纯的灵敏素质是不存在的。

灵敏素质的发展水平主要从以下三个方面进行评价：

第一，是否具有快速的反应、判断、躲闪、转身、翻转、维持平衡和随机应变的能力。

第二，在完成动作时，是否能自如地操纵自己的身体，在任何不同的条件下都能准确熟练地完成动作。

第三，是否能把力量（爆发力）、速度（反应速度）、耐力、协调性、节奏感等素质和技能通过熟练的动作综合表现出来。

实践证明，具有高度灵敏素质的人，他可以随心所欲地控制自己的运动器官，熟练自如地准确完成动作。

（一）灵敏素质的分类

灵敏素质从其与专项运动的关系来看，可分一般灵敏素质和专项灵敏素质。

一般灵敏素质是指人在各种活动中，在突然变换的条件下，迅速、合理、准确地完成各种动作的能力。它是专项灵敏素质发展的基础。

专项灵敏素质是运动员在专项运动中，迅速、准确、协调自如地完成本专项各种技术动作的能力。它是在一般灵敏素质的基础上，多年重复专项技术，提高专项技能的结果。

评定灵敏素质的方法有很多，如立卧撑测验、象限跳测验、滑步倒跑测验、十字变向跑及综合性障碍跑等。

（二）训练负荷量的确定

发展灵敏素质主要采用变换训练法。训练强度一般较大，速度较快。练习次数不宜过多，训练时间不宜过长。如果过度训练使机体疲劳，力量就会下降、速度变慢、反应迟钝，不利于灵敏素质的发展。每次练习之间应有足够的休息时间，以保障氧气的补充和肌肉中高能物质的再合成。但休息时间过长，又会使神经系统的兴奋性下降，一般来讲练习时间与休息时间可为1∶3。

（三）灵敏素质训练的方法

发展灵敏素质须从专项特点出发，综合发展反应、平衡、协调等能力。我们根据平时教学训练的体会，提供一些发展灵敏素质的方法，供大家教学训练时参考。

（1）按口令做相反的动作。

（2）按有效口令做动作。

（3）原地、行进间或跑步中听口令做动作。如：喊数抱团成组；加减乘除简单运算得数抱团组合，看谁最快等。

（4）一对一追逐模仿。

（5）一对一互看对方背后号码。

（6）听信号或看手势急跑、急停、转身、变换方向的练习。

（7）听信号的各种姿势起跑。如：站立式、背向、蹲、坐、俯卧撑等姿势。

（8）跳绳。两人摇绳，从绳下跑过转身，从绳上跳过等。

（9）各种游戏。如：叫号追人、追逃游戏、抢占空位、打野鸭、抢断篮球（一方攻、另一方守，攻方运球强行通过，守方积极拦截抢夺，夺到球变为攻方）等。

（四）发展平衡能力的练习

（1）一对一面向站立，双手直臂相触，虚实结合相互推，使对方失去平衡。

（2）一对一弓箭步牵手互换，面向站立，虚实结合互推互拉使对方失去平衡。

（3）各种站立平衡。如：俯平衡、搬腿平衡、侧平衡等。

（4）头手倒立，肩肘倒立、手倒立保持一定时间。

（5）在肋木上横跳、上下跳练习。

（6）做动作或急跑中听信号完成突停动作。

（7）在平衡木上做一些简单动作。

（8）发展旋转的平衡能力练习。如：用手扶住体操棒，然后松手转身击掌再扶住体操棒使其不倒；向上抛球转体 2~3 周再接住球；跳转 360 度前进，保持直线运行；闭目原地连续转 5~8 周，然后闭目沿直线走 10 步，再睁眼看自己走的方向是否准确；绕障碍曲线转体跑；原地跳转 180 度、360 度、720 度落地站稳。

（五）发展协调能力的练习

（1）一对一背相互挽臂蹲跳进、跳转。

（2）模仿动作练习。

（3）各种徒手操练习。

（4）双人拉手向同方向连续转。

（5）脚步移动练习。如：前后、左右、交叉的快速移动；单脚为轴的前后、转体的移动；左右侧滑步、跨跳步的移动。

（6）做小腿里盘外拐的练习。

（7）跳起体前屈摸脚。

（8）选用武术中的二踢脚、旋风脚动作。

（9）双人跳绳。

（10）做不习惯方向的动作。

（11）改变动作的连接方式。

（12）选用健美操、体育舞蹈中的一些动作。

（13）简单动作组合练习。如：原地跳转 360 度接跳远；前滚翻交叉转体接后滚翻；跪跳起接挺身跳等。

（14）双人一手扶对方肩、另一手互握对方脚腕，各用单脚左右跳、前后跳、跳转。

（六）选用体操中的一些动作

（1）前滚翻、后滚翻、侧滚翻。

（2）连续前滚翻或后滚翻。

（3）双人前滚翻。一人仰卧，另一人分腿站在仰卧人的头两侧，双方互握对方两脚踝，然后做连续的双人前滚翻或后滚翻。

（4）连续侧手翻。

（5）双人侧手翻。两人同向重叠站立，后面人抱住前面人的腰，然后共同完成侧手翻。

（6）鱼跃前滚翻。可越过一定高度的障碍物。

（7）一人仰卧，另外两人各抓一只脚，同时用力上提，使其翻转站立。

（8）前手翻、头手翻、后手翻、团身后空翻。

（9）跳马、跳上、挺身跳下；分腿或屈腿腾越；直接跳越器械；跳起在跳马上做前滚翻。

（10）在低单杠上做翻上、支撑腹回环、支撑后摆跳下、支撑摆动向前侧跳下等简单动作。

（11）在低双杠上做肩倒立、前滚翻成分腿坐、向前支撑摆动越杠下、向后摆动越杠下等简单动作。

（七）利用跳绳进行的一些练习

（1）扫地跳跃。练习者将绳握成多段，从下蹲姿势开始，将绳子做扫地动作，两脚不停顿地做跳跃练习。

（2）前摇二次或三次，双足跳一次。

（3）后摇二次，双足跳一次。

（4）交叉摇绳。练习者两手交叉摇绳，每摇一次或二次，单足或双足跳长绳子一次。

(5) 集体跳绳。两名练习者摇长绳子，其他练习者连续不断地跳过绳子，每人应在绳子摇到最高点时迅速跟进，跳过绳子，并快速跑出。谁碰到绳子，与摇绳者交换。

(6) 双人跳绳。要求两名练习者手拉手跳 3~5 次后快速跑出。

(7) 走矮子步。教练员与一名队员将绳拉直，并把高度适当降低，队员在绳子下走矮子步和滑步与滑步动作。

(8) 跳波浪绳。教练员与一名队员双手握一根长绳子，并把绳子上下抖成波浪形，队员必须敏捷地从上跳过，谁碰到绳子，与摇绳者交换。

(9) 跳蛇形绳。教练员与一名队员双手握一根长绳，并把绳子左右抖动，使绳子像一条蛇一样在地上爬行，数个队员在中间跳来跳去，1 分钟内触及绳子最少者为胜。

(10) 跳粗绳（或竹竿）。教练员双手握一根粗绳或竹竿，队员围成一个圆圈站立，当教练握绳或竿做扫圆动作时，队员立即跳起，触及绳索或竹竿者为败。

(八) 灵敏性游戏

在灵敏性游戏的设计、选择、运用中，要注意把思维判断、快速反应、协调动作、节奏感等内容有机地结合起来。进行游戏时，要严格执行规则，遵守纪律，注意安全，不准投机取巧。

(1) 形影不离。两人一组，并肩而站，右侧的人自由变换位置和方向，左侧的人必须及时跟进仍站到左侧位置。要求随机应变，快速移动。

(2) 照着样子做。两人一组，其中一人做站立或活动中的各种动作，并不断变换花样，另一人必须照着他的样子做。要求领做者随意发挥，照做者模仿到位。

(3) 水、火、雷、电。练习者在直径为 15 米的圆圈内快跑，教练员接连喊水、火、雷、电，所有人必须做出与之相适应的动作。要求想象力丰富，变换动作快。

(4) 互相拍肩。两人相对 10 米左右站立，既要设法拍到对方的肩膀，又要防止对方拍到自己的肩膀。要求伺机而动，身手敏捷。

(5) 单、双数互追。练习者按单、双数分成两组迎面相距 1~2 米坐下，当教练员喊单数时，单数追双数，双数转身向后跑开 20 米；当教练员喊双数时，双数追单数，单数转身向后跑开。要求判断准确，行动迅速。

（6）双脚离地。练习者分散在指定的地方任意活动，指定其中几个为抓人者，听到教练员的哨音后，谁的双脚不离地就抓谁，抓人者不能缠住一人不放。要求快速悬垂、倒立、举腿等。

（7）听号接球。练习者围圈报数后向着一个方向跑动，教练员持球站在圈中心，将球向空中抛起喊数，被喊数者应声前去接球。要求根据时间和空间采取应急行动。

（8）老鹰抓小鸡。"小鸡"跟在"母鸡"背后，用手扶住前面人的髋，"老鹰"站在"母鸡"前面要抓后面的"小鸡"，"母鸡"伸开双臂设法阻止。要求斗智斗勇，巧用心计。

（9）围圈打猎。指定几个人当猎物，在圈中活动，余者作为猎人手持2~3个皮球围在圈外，掷球打圈中的猎物（只准打腿部），被击中的猎物与掷球的猎人互换。要求眼观六路，耳听八方，掷球准确，躲闪机灵。

（10）跋山涉水。用各种器械和物体设置山、水、沟、洞等，练习者采取相应的动作越过去，见山要攀登，见水要划行，见沟要跳跃，见洞要匍匐前进，看谁快。此游戏可分成两组计时比赛。要求协调灵活，及时改变动作。

（11）传球触人。队员分散站在篮球场内，两个引导人利用传球不断移动去追逐场上队员并以球触及场内躲闪的队员，凡被球触及者参加传球，直到场上队员全部被触及为止。要求传球者不得运球和走步，躲闪者不准踩线或跑出界外。

（12）追逐拍人、救人。队员分散站在场内，指定4名引导人为追逐者，其他队员闪躲逃跑。当有人被追着时，需马上原地站立，两手侧平举。此时，同伴者可去拍肩救他，使之复活逃脱。由于在救人时可能被追拍，因此，该游戏可以培养自我牺牲精神。要求判断准确，躲闪敏捷，救人机智。

二、灵敏素质训练中常见问题解答

（一）灵敏素质的生理学机制有哪些

灵敏素质是建立在力量、速度、耐力、柔韧、协调性、节奏感等多种素质和技能上的。这些素质和技能又取决于神经系统的灵活性和可塑性，以及已建立动作的储备数量。正确认识灵敏素质的生理学机制，对提高灵敏素质有积极作用。

灵敏素质的高低是在大脑皮质分析综合能力高度发展的情况下才能体现的。动作经过反复练习，并使技术动作熟练化、自动化，使大脑神经过程兴奋和抑制的转换能力加强，就能提高大脑神经过程的灵活性，从而在任何环境中都能把技术动作熟练地表现出来。实践证明，掌握的基本技术越多、越熟练，则学习新技巧的速度越快，技术运用也更加显得灵活且富有创造力，表现的灵敏素质也就越高。

（二）条件反射形成后的强化

当掌握动作之后，还必须反复练习、不断强化，使之形成"动力定型，灵敏素质才能不断巩固和提高。如不进行强化，暂时神经联系就会中断，条件反射就会消退，灵活性也会降低。灵活性是靠经常强化动作来实现的，长期不训练，灵活性就会变差。

（三）前庭分析器的机能增强

人体的内耳半规管，称为前庭分析器，当身体向任何方向旋转时，半规管都能接受到刺激，感受到身体在空间位置的变化，协助各种反射来调节肌肉紧张程度以完成翻转动作。因此，我们可利用一些特定的动作练习，刺激前庭分析器来提高人体的本体感受器机能，如平衡能力，从而达到发展灵敏素质的目的。

三、影响灵敏素质发展的主要因素

（一）智力发展水平和敏捷的思维能力

良好的智力发展水平和敏捷的思维能力，对运动员的灵敏素质有重要影响。在运动活动中，各种运动技术和运动技能的灵活应用，聪明的战术思想灵感和具体实施，大脑神经活动过程中兴奋与抑制的转换程度与快速工作能力的平衡，均取决于良好的智力发展水平和敏捷的思维判断能力。优秀运动员的突出之处不仅表现在超人的技能和惊人的运动素质方面，还表现在良好的思维能力与解决复杂、潜在的技术、战术问题的方面。

（二）感觉器官

运动分析器与本体感受器（运动感受器）的灵活性与准确性以及肌肉收

缩的协调性与节奏感是影响灵敏素质的重要因素。通过多年系统训练，可使上述能力得到全面提高。

（三）其他运动素质发展水平

灵敏素质是运动员力量、速度、耐力、柔韧以及协调性等运动能力的综合表现。

上述运动能力与灵敏素质有密切关系，其中任何一种能力较差，对灵敏素质的提高都会造成不利影响。

（四）运动经验

长期学习各种运动技能和技术动作，可以丰富运动员的运动实践经验，增加运动素质和技术动作"储备"，从而促进灵敏素质水平的不断提高。

（五）性别

灵敏素质与性别有关。在儿童期，男女灵敏素质几乎无差别；在青春期，男子逐渐优于女子；在青春期以后，男子明显优于女子。女子进入青春期后，由于体重增加，有氧能力下降，内分泌系统发生变化，灵敏素质会一度出现明显的生理下降趋势。根据这一变化规律，在青春期以前就应加强女子的灵敏素质训练，使之得到较好的发展。同时，不要急躁，只要训练得当，以后灵敏素质还会恢复与发展。

四、柔韧素质

柔韧素质是指人体关节活动幅度的大小以及跨过关节的韧带、肌腱、肌肉、皮肤及其他组织的弹性和伸展能力。

柔韧素质包括两个方面的含义：一个是关节活动幅度的大小；另一个是关节的肌肉、肌腱、韧带等软组织的伸展性。关节的活动幅度主要取决于关节本身的结构。关节的肌肉、肌腱、韧带等软组织的伸展性，则主要通过合理的训练获得。

关节就是骨关节，它是骨杠杆转动的枢纽，是肢体灵活与赖以活动的部位。因为人体运动是通过关节角度的变化来传力、受力的，所以关节是人体固有的解剖结构。虽然骨关节结构具有解剖特点，并有其自然的生理、生长规律，但如果不经常锻炼，其关节活动就不能适应体育运动的需要。同样，关节的肌肉、肌腱、韧带也有其自然生理、生长规律，如不经常训练也只能维持自然生长情况下的活动能力。因此，只有通过体育锻炼，关节的肌肉、肌腱、韧带及所有的关节，在中枢神经的支配下共同改变其功能，以适应体育运动所需要的形式、方向、范围和幅度。

关节幅度是指构成关节的骨骼在其关节结构内屈、伸、旋内、旋外、旋转的最大可能范围。关节幅度是遵循生理解剖规律而固定的，一般不从事体育运动时，没有必要达到最大范围，但体育运动中大部分动作需要尽可能地达到其最大范围。因此，只有通过合理的柔韧训练才能使关节的活动幅度逐渐加大以适应体育运动的需要。

中枢神经支配下的肌肉、韧带力量的增长必须与所控制的关节活动范围相适应，不能因肌肉过分扩大而影响关节活动幅度，也不能因肌肉、韧带过分伸展而造成关节的松弛无力。

可见，体育运动中的柔是指肌肉、韧带拉长的范围；韧是指肌肉、韧带发挥的力量和控制关节不受损伤的最大活动幅度；柔和韧的结合便是柔韧，发挥的能力便是柔韧素质。

（一）柔韧素质的分类

人们通常把柔韧素质简称为柔韧性，但不能把柔韧性和柔软性混为一谈。虽然两者都可用肢体活动幅度的大小来衡量，可是他们在实质上是有区别的：从字义上讲，柔韧是既柔和又坚韧，即柔中有刚，刚柔相济；而柔软只是柔与不硬，或柔中无刚，刚柔不济。从性能上看，柔韧是在幅度中还含有速度和力量的因素，即在做大幅度动作时，肌肉仍能快速有力地收缩，就像钢丝一样，既能弯曲又能迅速伸直。而柔软只是幅度大，却缺乏速度和力量，做动作时软绵绵的，打得开却收不拢。体育运动中需要的是柔韧性而不是柔软性。

柔韧素质从其与专项的关系看，可分为一般柔韧性与专项柔韧性。一般柔韧性是指为适应一般技能发展所需要的柔韧素质；专项柔韧性是指专项运动特殊需要的柔韧性。由于专项柔韧性是具有较强选择性的，因此，同一身体部位具有的柔韧性由于项目的需求不同，在幅度、方向等表现上也有差异。

柔韧素质从其外部运动状态的表现看可分为动力性柔韧性和静力性柔韧性。动力性柔韧性是指肌肉、肌腱、韧带根据动力性技术动作需要，拉伸到解剖学允许的最大限度能力，随即利用强有力的弹性回缩力来完成所要完成的动作。所有爆发力前的拉伸均属于动力性柔韧性。静力性柔韧性是指肌肉、肌腱、韧带根据静力性技术动作的需要，拉伸到动作所需要的位置角度，控制其停留一定时间所表现出来的能力。如体操中的控腿、俯平衡动作、桥、劈叉和体育舞蹈中的各种造型以及跳水运动员保持体前屈的姿势等就是这种能力的体现。动力性柔韧性建立在静力性柔韧性的基础上，但必须要有力量素质的表现。静力性柔韧性好，动力性柔韧性不一定好。

从完成柔韧性练习的表现上看，柔韧素质又分为主动柔韧性和被动柔韧性。主动柔韧是人主动运动中表现出来的柔韧素质水平。被动柔韧性则是在一定外力协助下完成或在外力作用下（如教练员协助运动员做压腿练习）表现出来的柔韧水平。主动柔韧性不仅反映对抗肌的可伸展程度，而且也可反映主动肌的收缩力量，一般说主动柔韧性比被动柔韧性要差，这种差距越小，说明柔韧素质的发展水平越平衡。

从柔韧素质在身体不同部位的表现看，又可分为上肢柔韧性、下肢柔韧性、腰部柔韧性、肩部柔韧性等。

（二）柔韧素质的评定

测量与评定柔韧素质带有局部性的特点，其测量方法和手段均涉及身体有关部位完成动作时活动的幅度。

评定柔韧素质通常采用的方法是用直尺、皮尺、量角器等工具直接测量关节活动的最大幅度。

柔韧性测量的指标是角度和距离，例如测量肩关节活动幅度时，可采用手持木棒转肩测量，测出两个大拇指的间距，间距越小，肩关节活动幅度越大，柔韧性越好。

（三）柔韧素质训练负荷量的确定

1. 负荷强度

柔韧素质训练在多数情况下是采用自身用力的拉伸法，自身用力的大小应依运动员自我感觉来安排。如：肌肉酸痛时可以将用力减轻一点；肌肉胀痛时可以坚持一下；当肌肉感到发麻时，则应停止训练。进行柔韧性训练有时也采用负重练习，负重量不能超过被拉长肌肉力量的 50%，训练水平高的运动员的负重量可以略多。一般来讲，长时期中等强度拉力练习的效果优于短时期大强度练习的效果。

2. 练习的数量

为保持关节运动的最大幅度，应根据关节的不同特点，确定适宜的练习次数。运动员的年龄与性别不同，练习的次数也应有所区别：初参加训练的考生的重复次数，应为训练水平高的运动员的30%～40%，女子应比男子少10%～15%。每组持续练习的时间为6～12秒，摆动动作可稍长一些。做静力性练习时，当关节角度伸展到最大限度时，可固定30秒左右。应在保证运动员完全恢复的条件下完成下一个练习，进而确定练习的间歇时间。休息时间、练习的性质与动作持续时间有密切关系。例如，多次完成提高脊柱活动的躯干弯曲动作，比完成15秒踝关节的强制伸展练习，休息时间要长得多。间歇时应安排肌肉放松练习或进行按摩等。

（四）柔韧训练的方法与手段

发展柔韧素质的目的是提高关节的肌肉、肌腱、韧带等软组织的伸展性。其伸展能力的提高主要是由于力的拉伸作用。柔韧素质的练习方法主要有两种，即主动或被动形式的静力拉伸法和主动或被动形式的动力拉伸法。这两种练习方法的特点，都是在力的拉伸作用下，有节奏地逐渐加大动作幅度或多次重复同一动作，使软组织逐渐地或持续地受到被拉长的刺激。

1. 主动或被动的静力性拉伸方法

这是缓慢地将肌肉、肌腱、韧带拉伸到一定酸、胀、痛的感觉位置并略有超过，然后停留一定时间的练习方法。这种方法可减少或消除超过关节伸展能力的危险性，防止拉伤。

一般要求在酸、胀、痛的位置停留6～8秒，重复6～8次。

2. 主动或被动的动力性拉伸方法

这是有节奏的、速度较快的、幅度逐渐加大的多次重复一个动作的拉伸方法。在运用该方法时用力不宜过猛，幅度一定要由小到大，先做几次小幅度的预备拉长，然后加大幅度，从而避免拉伤。每个练习重复5～10次（重复次数可根据专项技术需要而增加）。

主动的动力性拉伸方法是靠自己的力量拉伸，被动的动力性拉伸方法是靠同伴的帮助或负重借助外力的拉伸，但外力应与运动员被拉伸的可能伸展能力相适应。

上述方法可单独采用也可混合运用,练习时间根据需要确定。

(五) 发展柔韧素质的具体方法

柔韧素质的发展应从各项目的特点出发,有目的、有选择地进行,我们根据教学训练中体会,提供下列一些发展柔韧素质的方法,供大家教学训练时参考。

1. 手指、手腕柔韧性练习

(1) 握拳、伸展反复练习。

(2) 两手五指相触用力内压,使指根与手掌背向呈直角或小于直角。

(3) 两手五指交叉,直臂头上翻腕,掌心朝上。

(4) 手腕屈伸、绕环。

(5) 手指垫高的俯卧撑。

(6) 杠铃至胸,用手指托住杠铃杆。

(7) 用左手掌心压右手四指,连续推压。

(8) 面对墙站立,连续做手指推撑。

(9) 左、右手指交替抓下落的棒球(或小铅球)。

(10) 靠墙倒立。

2. 肩关节柔韧性练习

(1) 压肩。

①手扶一定高度体前屈压肩。

②两人互相手扶对方肩,体前屈直臂压肩。

③面向墙一脚距离站立,手、大小臂、胸触墙压肩(逐渐加大脚与墙的距离)。

④练习者背对横放的鞍马,并仰卧在鞍马上,另一人在后面扶着,并帮助压肩。

⑤两人互相以手搭肩,身体前倾,向下有节奏地压肩。

(2) 拉肩。

①两人背向,互相将两手在头上拉住,同时作弓箭步前拉。

②练习者站立,两手在头上握住,帮助者一手拉练习者头上手,另一手顶背助力拉。背对肋木坐,双手在头上握肋木,以脚为支点,挺胸腹前拉起成反弓形。

③背向肋木站立，双手反握肋木下蹲，下拉肩。

④背向肋木，屈膝站肋木上，双手在头上握肋木，然后向前蹬直双腿，胸腹用力前挺。侧向肋木，一手上握，另一手下握肋木向侧拉。

（3）吊肩。

①单杠各种握法（正、反、反正、翻等握法）的悬垂摆动。

②单杠负重静力悬垂。

③单杠悬垂，两腿从两手间穿过下翻成后吊。

（4）转肩。

用木棍、绳或橡皮筋作直臂向前、向后的转肩（握距逐渐缩小）。

3. 腰腹部柔韧性练习

（1）弓箭步转腰压腿。

（2）两脚前后开立，向左后转，向右后转，来回转腰。

（3）体前屈，手握脚踝，尽量使头、胸、腹与腿相贴。

（4）站在一定高度上作体前屈，手触地面。

（5）分腿体前屈，双手从腿中间后伸。

（6）分腿坐，脚高位体前屈，帮助者可适当用力压其背部助力压。

（7）后桥练习，逐渐缩小手与脚距。

（8）向后甩腰练习。

（9）俯卧撑交替举后腿，上体尽量后抬成反弓形。

（10）肩肘倒立下落成屈体肩肘撑。

4. 胸部柔韧性练习

（1）俯卧背屈伸。练习者腿部不动，积极抬上体、挺胸。

（2）虎伸腰。练习者跪立，手臂前放于地下，胸向下压。要求主动伸臂，挺胸下压。

（3）练习者面对墙站立，两臂上举扶墙，抬头挺胸压胸。要求让胸尽量贴墙，幅度由小到大。

（4）练习者背对鞍马头站立，身体后仰，双手握环使胸挺出。要求充分伸臂，顶背拉肩，挺胸。

（5）练习者并腿坐在垫子上，臂上举，同伴在背后一边向后拉其双手，一边用脚蹬练习者肩背部，向后拉肩振胸。

5. 下肢柔韧性练习

（1）前后劈腿。可独立前后振压，也可以将腿部垫高，由同伴帮助下压。

（2）左右劈腿。练习者仰卧在垫子上，屈腿或直腿都可以，由同伴扶腿部不断下压。

（3）压腿。将脚放在一定高度上，另一腿站立，脚尖朝前，然后正压（勾脚）、侧压、后压、踢腿。原地扶把杆或行进间正踢（勾脚）、侧踢、后踢。

（4）摆腿。向内、向外摆腿。

（5）控腿。手扶支撑物体，前控、侧控、后控。

（6）弓箭步压腿。

（7）跪坐压脚面。

（8）在不同形状的特制练习器上练习脚腕不同方位的柔韧性（特制练习器械见弹跳力部分）。

（9）用脚内侧、外侧、脚跟、脚尖走。

（10）负重深蹲。脚跟不离地使脚尽量弯曲。

6. 踝关节和足背部柔韧性练习

（1）练习者手扶腰部高度肋木，用前脚掌站在最下边的肋木杠上，利用体重上下压动，然后在踝关节弯曲角度最大时，停留片刻以拉长肌肉和韧带。

（2）练习者跪在垫子上，利用体重前后移动压足背，也可将足尖部垫高，使足背悬空做下压动作，增加练习时的难度。

（3）练习者坐在垫子上，在足尖部上面放置重物，压足背。

（4）做前脚掌着地的各种跳绳练习。

（5）做前脚掌着地的各种方向、各种速度的行走练习。

五、柔韧素质训练中常见问题解答

（一）柔韧素质对运动员有何作用

运动员柔韧素质的好坏，对从事体育运动及提高运动水平有较大影响。在武术、体操、田径、健美操、艺术体操等项目中，柔韧素质必不可少。良好的柔韧素质不仅能加大动作幅度、增加动作美感，使动作的随意支配能力更加精准、流畅、轻松、协调，而且能加速动作掌握进程，有利于技术水平的提高，能保持肌肉良好的弹性，预防肌肉僵硬和肌肉劳损，减轻运动损伤。因而在体育运动中重视柔韧素质的发展具有重要的意义。

（二）为什么说发展柔韧素质是提高身体训练水平的重要因素

青少年运动员正值身体发育的旺盛时期，其身体形态、机能等方面会随着年龄的增长发生很大的变化。身体各项指标如身高、体重、心肺功能、力量、速度、耐力等也会有大幅度的自然增长，如果我们能在这一阶段有计划、有目的地加强青少年运动员柔韧素质训练，对其较快地掌握技术、技能，不断提高运动水平具有十分重要的作用。

有些青少年运动员由于柔韧素质差，在其技术动作上突出表现为动作幅度小而僵硬，且协调性差。因此很不利于他们运动技术的提高，极大地阻碍了他们训练成绩的提高。在训练中除重视力量、速度、耐力素质等练习外，还应强化柔韧素质的训练，并使之纳入正常训练计划。

柔韧素质的提高，不但有利于技术动作的完成，而且动作质量与幅度也会有明显的变化。其动作的外部表现为幅度增大、协调有力、节奏性强，动作质量有很大的提高，运动水平增长较快。

当前，许多世界著名的田径教练员极为重视对运动员柔韧素质的训练与研究。德国有关科研单位对100名不同田径项目的运动员进行了柔韧素质的测试，结果表明，前10名均为国家优秀运动员。经分析研究后他们认为，柔韧同力量、速度、耐力、协调等共同组成人体的主要身体素质，它对提高田径运动员的训练水平，取得优异成绩起到越来越重要的作用，尤其对青少年运动员来讲就更为重要。同时，他们还指出，为避免造成田径运动员技术动作的僵硬和降低身体的运动协调能力，确保其技术动作准确、完美与协调，在进行力量、耐力、速度训练的同时，必须重视拉长肌肉，增加关节与肌肉弹性的柔韧练习，这将对人体参加运动训练产生如下益处：

（1）动作活动范围与幅度扩大后，可使人体对各种动作的支配能力增强，动作更加准确，技术质量更高。

（2）可促进大脑中枢神经系统对肌肉调节功能的增长，使参与工作的对抗肌群充分放松，从而降低对主动肌工作的阻碍，有利于肌肉力量的增长，增大肌肉的爆发力。

（3）由于动作幅度的增大，有助于肌肉的均衡发展，可充分调动整块肌肉协同参与运动。

（4）可避免或减少运动性损伤，提高运动成绩，延长运动寿命。

我们必须充分认识到柔韧素质训练的重要性，要不失时机地抓住青少年发育的最佳阶段，早期强化身体柔韧素质，并在柔韧训练中注意以下几个问题：

首先应加强柔韧训练的科学性，做好准备活动。开始时可进行一般性练习，如慢跑、轻跳及各种徒手操或游戏等活动，使体温升高，身体微微出汗，以便降低身体肌肉的黏滞性。接着，再进行柔韧性练习，防止拉伤肌肉。练习时，动作的速度、力量与幅度应逐渐加大，不可用力过猛。练习动作可依以下顺序进行。先做些伸展动作、腰部绕环、分腿体前屈、膝关节屈伸及绕环动作；继而进行压肩、转肩、直腿体前屈、压腿、踢腿、摆腿、劈叉（横、纵）等柔韧性练习。

其次要加强柔韧训练的系统性，制订好训练计划与进度，认真执行、严格要求。切不可三天打鱼两天晒网，更不能终止训练，否则身体各关节肌肉、肌腱、结缔组织等会逐渐降低其伸展性，同时还会造成体内脂肪的堆积，阻碍柔韧性的提高。因此，柔韧训练必须常年坚持，持之以恒。但练习的次数和强度等可依个人身体状况、训练水平、柔韧性的好坏等因素灵活掌握。可每天进行练习，也可隔天练习。

再次柔韧练习时，应使肌肉紧张与放松有机地结合起来，并给予适当的力度。注意压腿、踢腿、摆腿相结合，要刚柔相济，柔中有刚。

最后要避免大运动量训练后，在身体疲劳的状态下进行剧烈的柔韧性练习。特别是那些在别人助力下被动压拉或强度较大的伸展性练习。要防止肌肉、韧带撕裂性损伤。但运动后，可视情况做些轻微而愉快的自由伸展性练习活动。这样不仅有助于消除疲劳，还可以防止或减轻运动后肌肉的酸痛现象。

（三）发展短跑运动员柔韧素质的方法

所谓柔韧素质，是指运动时人体各关节活动的幅度。柔韧素质发展的难易程度与年龄密切相关。少儿时期，关节软骨比较厚，关节囊、韧带的伸展性较大，所以关节活动范围大于成人，但牢固性差。由于少儿肌肉水分较多，蛋白质和无机盐较少，富有弹性，肌力弱、耐力差、易疲劳，故少儿时期是发展柔韧素质的最好时间。

发展柔韧素质的练习可采取动力性（爆发性）、静力性两种形式。

1. 动力性练习方法

①手扶肋木做前后摆腿练习。要求高重心，提大腿，小腿放松。

②手扶肋木做左右摆腿练习。要求高重心，直腿勾脚尖。

③手扶肋木做高抬腿练习。要求支撑腿充分蹬伸。

④手扶肋木做左右腿过低栏练习。

⑤行进间连续做正踢腿、里合腿、外摆腿练习。要求正踢腿勾脚尖，里合腿、外摆腿画圆尽量大些。

⑥原地或行进间做交叉步转髋练习。练习时上体要保持正直。

⑦原地分腿跳、触胸跳、前后弓箭步跳、背弓跳等。要求动作幅度大。

⑧手握肋木连续做挺髋练习。要求髋关节充分伸展，身体呈"桥"形。

⑨双脚前脚掌置稍高处，连续做提踵练习。要求身体保持正直，踝关节充分蹬伸。

⑩在沙坑里连续做换腿跳。要求摆动腿尽量高抬，起跳腿充分蹬伸。

2. 静力性练习方法

①原地弓步压腿。要求躯干与地面垂直，前腿大小腿之间大于 90 度，后腿伸直，脚前掌撑地，身体重心压在前后腿的结合点上，主要牵拉后腿前侧的腹股沟部位。

②原地仆步压腿。要求单腿全跨，以全脚掌着地，另一条腿向体侧伸直，脚内勾，以全脚掌扣压在地上。主要牵拉大腿内侧肌群、肌腱。

③在肋木上做正侧面压腿。

④分腿、并腿正面压腿。

⑤分腿、并腿跪下压。

⑥前后、左右劈叉。

⑦全蹲结合体前倾压腿。要求两腿全蹲，双手抱膝，以全脚掌着地，然后两手分别抓住同侧的脚尖，慢慢伸直双腿，停 20 秒；再成全蹲，双手分别抓住同侧的脚后跟，慢慢伸直双腿，用胸向伸直的双腿振动 15~20 次；第三次再成全蹲，双手放于腰后，再伸直双腿，但双手必须抱住小腿，头不离开伸直的大腿，停留 10~20 秒。

(四)柔韧素质和人的体型有关系吗

研究发现,柔韧素质和体型之间的关系不大,而与颈、髓、躯干弯曲的关系很大。在这些活动中,随着内向型特征增加,柔韧性逐渐降低。身体脂肪与柔韧性显示一种负的相关。非肌肉体积真正地妨碍了运动的完成,否则肌肉组织的量与柔韧性没有明显的关系。柔韧性与臂、躯干、腿的长度之间无一致的关系。在与腿的关系中,谁有非常长的臂和躯干,谁就在触趾试验中有利,但是这样极端的身体结构是罕见的,因此无须多虑。

(五)发展柔韧素质为什么要坚持常练

过分的不活动会引起肌肉和结缔组织丧失正常的伸展性。如果当一个断肢在石膏固定的时候,完全不活动,柔韧性就会大大丧失。不活动也会引起身体脂肪堆积,这就更进一步妨碍了柔韧性的发展。反之,经常的活动有利于保持正常的柔韧性,专门练习可使柔韧性获得非常良好的发展。

第四节 核心力量训练

一、核心力量素质训练理论与方法学

组间歇时间可以从30秒到90秒或更多,这取决于练习的持续时间和参加工作肌肉的多少。假如练习时间较短(如20~60秒),并且完成几组练习之后,需要达到疲劳积累的目的,那就应在工作能力尚未完全恢复时,即进行下一组的训练。

若用心率控制间歇时间,可在心率恢复到110~120次/分时,进行下一组练习。假如练习持续时间比较长(如2~10分钟),间歇时间亦可加长,可在机体基本恢复后进行下一组练习。

(一)力量素质练习的基本手段

虽然不同的力量素质均有其各自的练习手段,但力量素质训练也有一些共同的练习形式,现归纳如下:

1. 负重抗阻力练习

这种练习可作用于机体任何一个部位的肌肉群。这种练习主要依靠负荷

重量和练习的重复次数刺激机体发展力量素质。负重抗阻力练习的方式多种多样，负荷的重量及练习的重复次数可随时调整，它是身体素质练习中常用的一种手段。

2. 对抗性练习

这种练习的双方力量相当，依靠对方不同肌肉群的互相对抗，以短暂的静力性等长收缩来发展力量素质。如双人顶、双人推、对拉等。对抗性练习几乎不需要任何器械和设备，还容易激发练习者的兴趣。

3. 克服弹性物体阻力的练习

这是依靠弹性物体变形而产生阻力来发展力量素质，如使拉弹簧拉力器、拉橡皮带等。

4. 利用外部环境阻力的练习

如在沙地、深雪地、草地、水中的跑跳等。这是一种要克服自身体重的练习，主要是由人体四肢的远端支撑完成的练习。其迫使机体的局部来承受体重，促使该部位的力量得到发展。例如：引体向上、倒立推进、纵跳等。

5. 利用特制的力量练习器的练习

这种特制的练习器，可以使练习者的身体处在各种不同的姿势（蹲、卧、站）进行练习。它不但能直接发展所需要的肌肉群力量，还可以减轻心理负担，避免伤害事故发生。另外，还有电刺激发展肌肉力量的练习器。

（二）力量素质练习的基本方法与特征

在训练实践中，教练员们创造了多种多样发展肌肉力量的方法，或是作用于整个肌肉系统，或是有选择地作用于某些肌肉群，这些具体的练习形式是形成现代力量训练方法的基础。按动力学特征分类，力量素质练习的方法分为动力性力量练习法、静力性练习法及电刺激练习法等。动力性力量练习法是指人体采用相对运动的动作形式进行力量素质的练习，主要由克制收缩形式（速度性克制收缩、力量性克制收缩和等动练习），退让收缩形式（速度性退让收缩、力量性退让收缩）、超等长收缩形式（速度性超等长收缩、力量性超等长收缩）等方法组成。静力性力量练习法是指人体采用相对静止的动作形式进行发展力量素质的练习，主要是指等长收缩练习。电刺激法是利用电刺激仪产生的脉冲电流，代替由大脑发出的神经冲动，使肌肉收缩，达到提高肌肉力量之目的，此外还有将动力性力量练习的形式和静力性力量练习的形式进行不同组合，形成新的发展不同力量素质的组合练习法。

1. 动力性克制收缩练习方法的特征

动力性克制收缩练习是指肌肉从拉长的状态中缩短以克服阻力而完成动作的练习方法。肌肉在收缩时起止点相互接近，所以动力性克制收缩练习又可看作是肌肉的向心性工作。该方法的最大特点是动作速度快、功率大，能有效地提高肌肉力量、速度和力量耐力。

该方法是使肌肉产生离心收缩的力量练习。生理学研究表明，肌肉不仅在收缩时能把化学能转化为机械能，同时还能在外力拉长肌肉做功时，把外能转为化学能储存。因此，肌肉的退让性工作除了即时效应外（例如制动）还能产生积蓄效应（把非代谢能量转变为肌肉的化学能和弹性势能），然后再以机械能的形式瞬间释放。退让性收缩练习对神经肌肉系统产生超量负荷，可使肌肉力量，特别是最大力量得到明显增长。

2. 等动练习方法的特征

这是借助于专门的等动训练器在动力状态下，使人体肌肉的抗阻力程度始终恒定，且动作速度均匀的练习方法。这种方法的最大特点是：人体接受外部负荷刺激所产生的生理反应强度，在人体动作的变化过程中始终保持恒定，并使关节各个角度的肌肉表现出最大用力或恒定用力。国外研究认为：快速等长练习能使各种运动速度的力量都得到增加，慢速等动练习所增加的快速力量耐力大于慢速等动练习所增加的慢速力量耐力。

3. 超等长收缩力量练习方法的特征

该方法是利用肌肉的弹性、收缩性及牵张反射性来提高力量素质。即肌肉先被迫迅速进行离心收缩，紧接着瞬间转为向心收缩的练习。它的最大特点是利用神经肌肉的牵张反射性，引起神经系统反射性使大脑产生更强烈的兴奋冲动，从而动员更多的运动单位参加收缩，以产生更大的肌肉收缩力，最终达到提高力量的目的。这种练习方法主要有如下三种形式。

（1）各种快速跳跃练习。

（2）不同高度和形式的跳跃练习。

（3）利用专门性训练器械进行的超等长练习。

4. 静力性练习法的特征

该方法是人体采用相对静止的动作，利用肌肉长度不变而改变张力的变化特点来发展力量素质的练习方法。它的最大特点是物理上表现的功为零,但生物体却依然存在做功的功能。这种方法能更有效地提高肌肉张力和神经细胞的机能水平。

5. 组合练习法的特征

该方法是将动力性的克制性练习、退让性练习和静力性练习等方法进行不同的组合,以有效地提高力量耐力和快速力量。从生理和生物力学角度看,各种肌肉收缩方式混合练习,可增加机体对刺激的适应难度,从而提高刺激的作用。这种练习方法能收到更快提高力量的效果。

该方法是一种新的发展力量素质的练习法。其优点是:训练部位准确,可根据训练目的,随意选择和确定练习部位;强化专项肌群和薄弱肌群;可人为地控制肌肉收缩的强度和时间;可最大限度地动员运动单位参与收缩;可在短期内迅速提高肌肉力量;可加大训练量,缓解大运动量与疲劳恢复的矛盾;可保证受伤期工作肌群的正常训练等。其与想象训练相结合,可作为比赛期和比赛前的力量强化和兴奋刺激手段。

电刺激法增长力量迅速,但用电刺激获得的力量,一旦停止练习,消退也快。

二、运动员在核心力量训练中应遵循的原则

(一) 超量负荷原则

超量负荷是所有力量训练的基础。要增强肌肉的力量,必须对肌肉施加超量负荷,使肌肉产生适应而变得强壮有力,从而使耐力水平得到提高。怎样运用超量负荷原则呢?理解和做到以下五个方面是非常重要的。

①为获得最佳的训练效果,超量负荷必须施加于肢体活动的全方位运动过程中,对专项力量的发展尤为如此。训练中开展全方位运动,对发展肌肉力量至关重要。

②取得力量训练效果的最小负荷是 1RM 的 50%。一次最大重复量,即一次重复所能克服的最大阻力,以此类推 8~12RM 即为一个人重复 8~12 次时所能承受的最大负荷,肌肉力量的耐力训练强度通常由 1RM 的百分比表示,但为获得足够的超负荷所制订的力量训练计划需要多组的超量负荷,每组的超量负荷一般相当于 1RM 的 70%~80% [如某运动员的 1RM 为 200 千克,则 70%的负荷量为 200×70% = 140(千克)]。

③发展肌肉力量所选择的重量一般较大，且要求最大重复量不能千篇一律，应在一定范围内变化，一般运动员采用能正确完成 3~7RM 的重量较好，虽然发展肌肉力量的最佳值为 6RM，但其有效范围为 3~7RM，即负荷量应以训练者完成 3~7 次练习后，因肌肉疲劳而无力完成第 8 次重复为准。

④发展肌肉耐力时所选择的负荷应使其在一组练习中重复 12 次或多于 12 次，即 12RM 或 12RM 以上。随着训练水平的提高，每组练习的重复次数也越多，肌肉耐力相应就提高得越多。

⑤在力量训练中，无论选择哪种范围的 RM 负荷量，总的原则是必须使肌肉承受超负荷，而承受超负荷的关键是使力量训练比以往的运动量更大。

（二）专门性原则

力量训练应针对运动员所练专项进行针对性训练，主要是对那些需要专门力量的特定肌群进行练习。这将有助于技术水平的提高，使专项训练达到事半功倍的效果。因此在制订肌肉力量与耐力训练计划时应尽可能地进行与专项工作时肌肉动作相似的力量性训练。

（三）规律性原则

只有经常地、有规律地进行训练，才能产生良好的力量训练效果。一般来说，运动员如果坚持每周进行一次合理地力量训练，将会使力量保持中等水平；如果每周进行三次力量训练，则其力量就可以保持最佳水平。

（四）恢复性原则

同一肌群每次力量训练后的恢复时间至少为 48 小时。因为力量训练后需要足够的时间进行恢复才能产生适应。如果参与训练的肌群每天都不同，且保证同一肌群在两次训练之间至少有 48 小时的恢复时间，这样就可每天进行力量训练了。如每周一、三、五安排下肢力量训练，则二、四、六可安排上肢力量训练。同理，在一次训练中，每组之间的恢复安排也是非常重要的，每组之间的恢复时间在一定程度上取决于该次训练课的强度。一般每组之间的恢复时间为 30~180 秒。

（五）平衡性原则

在制订力量训练计划时，选用能够分别训练上、下肢所有肌群的练习方法十分重要。如果认为短跑运动员只需增强腿部力量，而对上肢力量无更多要求，这是绝对错误的。由于人体肌肉之间相互关联，因此在组织力量训练时，最好安排能导致同一关节屈和伸的练习。这种力量训练方法有助于发展肌肉之间的相互协调关系，有助于保持良好的力量平衡，有助于减少肌肉的运动性伤害。

进行全身力量训练的一般顺序是：首先发展臀部和腿部肌肉力量，其次是背部、胸部肌肉，最后是上肢、腹部、腰部、颈部肌肉，只要所有肌群都以适宜强度进行训练，才能取得理想的力量训练效果。

（六）多样性原则

力量训练面临的挑战主要是如何保持运动员在训练中的热情和兴趣。枯燥单调的力量训练会令人厌倦乏味。因此，力量训练采用不同器械、多种训练方法以及改变练习的量和强度等手段可使训练变得丰富多彩，从而使训练获得较好的效果。因此应对运动员实施周期性的不同的训练方法，如由杠铃练习转换成同伴对抗或其他形式的抗阻练习。但也应避免方法频繁的更换，因为频繁更换会让运动员缺乏时间适应训练安排。

第四章 大学生运动技术研究

第一节 田径运动

一、田径运动的历史

田径运动是由田赛、径赛、公路赛、竞走和越野赛组成的运动项目。它包括人们走、跑、跳、投等基本活动方式,因此很容易被人们接受和掌握。目前,田径运动是世界上最为普及并易于开展、推广的体育运动项目之一。田径运动以发展和表现人们的体能为主,同时以众多单个项目的不同技术体现出自身独特的体育技艺。虽然它包括了竞走、各种奔跑、跳跃、投掷及全能等项目,且各个项目都有自己的技术特点,但是人们还是依照传统习惯把它们概括起来统称为田径运动。

迄今为止,发现的记载着田径运动的最早的史料物品是珍藏在埃及金字塔神庙中的一件前2650多年赛跑动作的石浮雕塑像。据文字记载,每一届古代奥运会都有田径项目的竞赛内容。然而,那时的人们只是把田径运动看作一种人体技能操练,是提高生存能力的锻炼手段,并且把这项运动放在体操运动中。直到1793年,近代体育的倡导者、德国体操运动的先驱古茨·穆茨在所著的《青年体操》中第一次描述了田径运动部分项目的技术,并且于1804年将田径运动从体操运动中划分出来,分为步行、跑、跳跃、投掷四类。此后,世界各国的学校、军队逐渐把田径运动作为锻炼身体、增强体质的重要内容。

1896年第一届现代奥运会上,在8类运动42个项目的比赛中,田径运动以12个项目,占35%的项目比例确立了其在奥运会的重要位置,以此揭开了现代田径运动发展的序幕。对于很多人来说,田径运动代表了奥运会。从诞生"世界飞人"令人紧张的 100 米角逐到考验运动员耐力并成就"世界最伟大运动员"的十项全能，男子 24 个项目，女子 20 个项目，所有这些项目都需要不同的身体力量和技巧，代表了人类最古老的生存技能和最朴素的精神力量。在 1896 年第一届现代奥运会中，一位希腊农民赢得了马拉松这项最折磨人的比赛。而 1896 年注定会成为令人追忆的一年，美国人托马斯·布尔克最终赢得了 100 米赛跑，成为第一位"世界飞人"。

之后，田径运动中很多个人和团体的成绩被记录了下来。1932 年洛杉矶奥运会，巴贝·蒂德里克森成为那个时代最伟大的女性，她不仅在洛杉矶奥运会中征服了对手，更是在之后的三届奥运会中打败了所有的对手。1936 年柏林奥运会，杰西·欧文斯夺得四枚金牌。1960 年罗马奥运会，阿贝贝·比吉拉这位埃塞俄比亚人赤着脚震惊了整个田径界，他光脚赢得了马拉松金牌，接着又在 1964 年东京奥运会上再夺冠军。1960 年，威尔玛·鲁道夫克服了小儿麻痹症，赢得三枚奥运会金牌。1964 年东京奥运会，来自美国田纳西州的韦奥米亚·泰厄斯成为全世界跑得最快的女"飞人"，4 年之后，她又在墨西哥奥运会上证明了自己的实力。1968 年是迄今为止田径史上伟大的年份之一，那一年总共创造了 10 个世界纪录，30 个奥运会纪录中的 26 个纪录被刷新。两位大学生，唐米·史密斯和约翰·卡洛斯在短跑 200 米比赛中分别赢得金牌和铜牌，他们在跑道上取得的成就将永久地被留存，因为从这一刻起，黑人在跑道上发出了自己的声音，在领奖台上证明了自己的力量。

发明"福斯贝利式跳高"的迪克-福斯贝利革新了跳高技术，背越式跳高沿用至今。鲍勃·比蒙重新定义了跳远，他以惊人的 8.9 米的成绩刷新了世界纪录，且该纪录保持长达 23 年。1984 年洛杉矶奥运会，一位名叫卡尔·刘易斯的年轻人开始追逐永垂田径史的梦想，他在奥运会中夺得四枚金牌，让人仿佛看到了当年的欧文斯。1996 年亚特兰大奥运会，百年奥运见证了迈克尔·约翰逊的创纪录成就，刘易斯也在夺得自己最后一块金牌后，告别了完美的令人难以置信的田径生涯。2004 年雅典奥运会，我国著名田径运动员刘翔在男子组 110 米跨栏比赛中以 12.91 秒平世界纪录的成绩一举打破我国运动员在国际田径比赛短距离赛场上"零"金牌的纪录。2008 年北京奥运会，我们又一次见证了田径比赛经典的历史时刻，牙买加运动员尤塞恩·博尔特在男子组 100 米比赛中以惊人的 9.69 秒的成绩第一个冲过终点线，创造了新的世界纪录。男子 100 米世界纪录历史性地首次被"浓缩"到了 9.70 秒以内。

田径运动可以增强人民体质。经常从事田径运动，能促进机体的新陈代谢，改善与提高内脏器官的机能，全面、有效地发展人的身体素质和运动技能，对其他各项运动技术的发展和成绩的提高都有很好的作用。因此，各项体育运动都把田径运动作为提高身体素质的训练手段。实践证明，许多优秀的运动员，特别是球类运动员，都有较高的田径运动能力和素质水平。可见，田径运动是各项运动的基础，是对体育运动的科学总结，正确地反映了各项体育运动之间的内在联系。田径运动的项目较多，锻炼形式多样，场地、设备和器材比较简单，练习时不易受到性别、人数、时间和季节等条件的限制，便于广泛开展。

二、田径运动的分类

田径运动可分为田赛和径赛两大类。田赛项目是在专门的场地上进行的以测量高度和丈量距离为单位计算成绩的项目，如跳远、三级跳远、跳高、撑杆跳高、铅球、标枪、铁饼、链球等；径赛项目是在正规跑道或者专用公路上进行的以时间为单位计算成绩的项目，如短跑、中长跑、跨栏跑、竞走、马拉松等。

（一）奔跑运动

跑步能磨炼人的意志和毅力，增强韧性和耐心，提高灵敏度，促进人对环境的适应能力。长期坚持运动的人，在完成定量工作时有三大特点：一是行动快；二是潜力大，能发挥最大的机能潜力去完成任务；三是恢复快，疲劳消除快又彻底，能迅速恢复到平静水平。心脏是全身血液供应的总枢纽，是生命的动力源。长期坚持跑步，会使心肌强壮有力，蛋白和肌红蛋白量增加。

在 X 射线透视下可以清楚地看到运动员的心脏比一般人大，运动员的心脏外形丰满，搏动有力。一般人心脏容血量为 765~785 毫升，而坚持跑步的人心脏容血量可达 1015~1027 毫升，心跳可比正常人减慢 10~20 次/分，这样就减轻了心脏的工作。另一方面，跑步能增强心脏的耐受力，一般人当心跳超过 100 次/分时，就会感到头昏、心慌、气喘；而长期跑步的人，可坚持到心跳 150 次/分。骨骼是身体的支架，人体活动的杠杆。处在生长发育期的青少年一定要坚持跑步，坚持跑步能改善血液循环，增加骨细胞营养物质的供应，提高骨细胞的生长能力，从而促进骨的正常发育。老年人新陈代谢减弱，肌肉逐渐萎缩，骨骼出现退行性改变，骨与关节疾病也越来越多，坚持跑步能加强新陈代谢，延迟骨骼的退行性改变，预防老年性骨与关节病的发生，从而延缓衰老。

1. 短跑

短跑是田径运动中距离短、速度快、人体运动器官在大量缺氧的情况下完成的高强度的周期性运动项目。现在国际比赛中常见的短跑项目包括女子100米跨栏、男子110米跨栏、400米跑、4×100米接力等项目。

（1）短跑的健身价值。

短跑不仅是奥运会中出现的竞技运动项目，而且是具有很高的健身功能的项目。经常进行短距离加速跑，能够提高人体的最大摄氧能力和人体器官在缺氧情况下的工作能力，同时还能发展人的速度、力量、耐力、灵敏性、柔韧性等身体素质，还可以培养练习者的竞争意识、坚韧不拔的拼搏精神。

（2）短跑的动作方法。

田径运动中的短跑可以分为起跑、起跑后加速跑、途中跑、终点冲刺跑四个过程。

①起跑。短跑项目采用蹲踞式起跑，正式比赛中必须使用起跑器，在一般的教学过程中，更要强调动作的完整性。起跑分为三个步骤：各就各位、预备、鸣枪后的起动。听到"各就位"口令后，双手撑地，双脚依次一前一后蹲地，后膝跪地，双臂伸直，双手间隔比肩膀宽撑地于起跑线后端，四指并拢和大拇指成"八"字，颈部放松。听到"预备"口令后，缓慢抬起臀部，重心前移，身体重心处于双手和前脚上，后腿的大腿和小腿间夹角大于90度，听到发令枪声后，双手迅速离地，两臂曲肘用力前后摆动，两腿迅速蹬地向前迈步，使身体向前方运动。

②起跑后加速跑。起跑后加速跑是指起跑后立即转入加速跑段。运动员身体前倾角度大，两腿快速交互做后蹬与摆动动作。最初2~3步支撑腿应着地于身体重心投影点的下后方，构成较小的后蹬角，使后蹬反作用力大部分用来提高跑速。上体随着步频加快和步幅加大逐渐抬起，同时两臂配合两腿做积极有力的摆动，加快跑速，直至高速转入途中跑。短距离跑时，加速跑段距离为20~25米；中长距离跑时，为12~15米。

③途中跑。途中跑是指经起跑、起跑后加速跑转入高速度跑的一段跑程，是全程跑中距离最长的阶段。一般 100 米跑项目中，其距离为 55~60 米；400 米跑项目中为 300~320 米，跑的周期由支撑阶段和腾空阶段组成。支撑腿的有力后蹬，为身体重心快速腾起和摆动腿的充分摆动创造有利的条件，同时腿的快速摆动又能给予后蹬动作以积极的影响。前进时，上体保持正直，或稍前倾，两臂做前后摆动，配合腿部动作，保持跑动中的平衡。短跑的途中跑表现为明显的快速并富有力感；中长跑则表现为自然、协调，富有节奏感。

④终点冲刺跑。终点冲刺跑指全程跑中最后一个跑程，包括终点跑和撞线技术两部分。跑进中运动员应尽全部力量，加强后蹬力和加快摆腿与摆臂的速度，在离终点线前约 1 米距离，上体迅速前倾以胸部或肩部撞线，并顺势跑过终点。

2. 中长跑

中长跑是一项需要速度和耐力的综合性运动项目。一般把 800~10000 米跑步统称为中长跑项目。

（1）中长跑的健身价值。

中长跑属体能类运动，是发展耐力的项目，是长时间的连续的肌肉活动。长期进行中长跑锻炼，能增强与提高心血管系统、呼吸系统、消化系统和神经系统等的功能，并有助于培养坚定的意志，顽强的斗志，塑造完善的个性心理特征。

坚持中长跑锻炼能提高心血管系统功能，促进血液循环，使心脏、血管系统发达。平常人安静时的摄氧量为 200~300 毫升/分，长跑时为 3000~5000 毫升/分；长期坚持中长跑锻炼的人，其最大摄氧量能获得明显的改善，且心跳次数增加，增加由心脏送出的血液量，从而使输送到身体各个器官的氧量大大增加，各个器官的工作质量自然大大提高。另外中长跑会加速血液循环，使冠状动脉有足够的血液供给心肌，从而预防各种心脏病。还能促使静脉血流回心脏，预防静脉内血栓形成。身体对长期中长跑发生的适应性改变可改善新陈代谢，降低血脂和胆固醇水平，有利于控制体重。

坚持中长跑锻炼能提高呼吸系统功能。长期进行中长跑锻炼使肺功能变强，增大肺活量。进行规律性的长期中长跑可使肺部呼吸肌发达，使每次换气量变大，肺功能增强。平常人换气量为 60~120 升/分，经常中长跑者为

100~150升/分。

坚持中长跑锻炼能提高消化系统的功能。中长跑使人情绪饱满乐观，有助于增进食欲，加强消化功能，促进营养吸收。

坚持中长跑锻炼能增加肌肉的强度。中长跑可增强肺部呼吸肌、心脏肌肉、颈部肌肉、胸腔肌肉、手臂肌及腰部、臀部、大腿、小腿、足部等处的肌肉，使各处肌肉不易堆积乳酸或二氧化碳等代谢物。

坚持中长跑锻炼能增加关节柔软度及强化骨骼。长期中长跑可提高各关节的强度和韧带的柔软度，并增加骨骼的强度、密度，避免人到老年患退化性骨质疏松症。

坚持中长跑锻炼有利于防病治病。中长跑使血液循环加快，对排泄系统中的有害物质起到清洗作用，从而使有害物质难以在体内停留和扩散。

（2）进行中长跑练习时的注意事项。

①要尽量选择塑胶的场地，不要在很坚硬的水泥地面上跑步。上坡跑时，利用前脚掌着地，上体稍前倾，步幅稍小些，加强后蹬；下坡时，上体稍后仰，脚跟先着地，然后过渡到全腿掌，并要随时注意安全，不要随惯性猛跑，以免发生危险。

②不要穿硬底鞋，尽量穿底子较软、较厚的鞋，最好穿胶鞋或富有弹性的跑鞋。

③跑步的姿势要科学、合理。脚着地时应避免脚跟先着地，应该用前脚掌着地，充分发挥足弓的弹性，以利于做好缓冲动作，减小着地时的阻力。腿的后蹬要舒展，脚落地时要利用好缓冲力量，不要太猛。这样跑起来感到两脚轻巧而富有弹性，还可以减轻脚的负担，避免伤痛。

④跑步时，鞋带不宜系得太紧，否则会妨碍脚部的血液循环。经常用热水泡脚，能降低下肢脚部肌肉的黏滞性，增强关节韧带的弹性和伸展度，也可防止发生伤痛。养成勤洗脚的卫生习惯也能对脚进行保健。

⑤在训练过程中，应该先做准备活动，再穿钉鞋，这样可以减少受伤的概率。

3. 跨栏跑

跨栏跑起源于英国，由牧羊人跨越羊圈栅栏的游戏演变而来。跨栏跑最早使用的栏架是掩埋在地面上的木支架或栅栏，1900年出现可移动的倒T形栏架。1935年有人将T形栏架改成L形栏架，栏架支脚的另一端朝向运动员的跑进方向，稍加阻力即可向前翻倒，减轻了运动员过栏时的恐惧心理。奥运会比赛项目分男子 110 米跨栏跑、400 米跨栏跑（1896 年列入）；女子 100 米跨栏跑（1932 年列入，当时为 80 米跨栏跑，1972 年改为 100 米跨栏跑），400 米跨栏跑（1984 年列入）。男子 110 米跨栏跑的栏高为 106 厘米，400 米跨栏跑的栏高为 91.4 厘米；女子 100 米跨栏跑的栏高为 84 厘米，400 米跨栏跑的栏高为 76.2 厘米。比赛时，运动员必须跨越 10 个栏架，除故意用手推或用脚踢倒栏架外，身体其他部位碰倒栏架不算犯规。

4. 障碍跑

障碍跑于 19 世纪在英国兴起，最初在野外进行，跨越的障碍是树枝、河沟，各障碍间的距离也长短不一，19 世纪中叶开始在跑道上进行。1900 年第 2 届奥运会首次设立障碍跑，分 2500 米和 1000 米两个项。从 1904 年第 3 届奥运会起，障碍跑的距离确定为 3000 米，并沿用至今。女子障碍跑开展很晚，国际田联 1997 年才开始推广。障碍跑全程必须跨越 35 次障碍，其中包括 7 次水池。障碍架高 91.1~91.7 厘米，宽 3.96 米，重 80~100 千克。400 米的跑道可摆放 5 个障碍架，各障碍架的间距为 80 米。运动员可跨越障碍架，也可踏上障碍架再跳下，或者用手撑起。

5. 马拉松

马拉松原为希腊的一个地名。公元前 490 年，希腊军队在马拉松平原击退波斯军队的入侵。传令兵菲迪皮德斯从马拉松跑到雅典城，在报告胜利的消息后，因体力衰竭倒地而亡。1896 年举行首届现代奥运会时，顾拜旦采纳了历史学家布莱尔以这一史事设立一个比赛项目的建议，并定名为"马拉松"。比赛沿用当年菲迪皮德斯所跑的路线，距离约为 40 千米。此后十几年，马拉松跑的距离一直保持在 40 千米左右。1908 年第 4 届奥运会在伦敦举行时，为方便英国王室人员观看马拉松赛，特意将起点设在温莎宫的阳台下，终点设在奥林匹克运动场内，起点到终点的距离经丈量为 42.195 千米。国际田联后来将该距离确定为马拉松跑的标准距离。女子马拉松运动开展较晚，1984 年才被列入第 23 届奥运会。1896 年首届现代奥运会后，马拉松赛在世界各地广泛举行，波士顿马拉松赛从 1897 年起开始举行，成为世界上历史最悠久的马拉松赛。马拉松在公路上举行，可采用起、终点在同一地点的往返路线或起、终点不在同一地点的单程路线。比赛时，沿途必须摆放标有已跑距离的公里牌，并要每隔 5 千米设一个饮料站提供饮料，两个饮料站之间设一个用水站，提供饮水或用水，赛前需经身体健康检查，合格者方可报名参加比赛。因比赛路线、条件差异较大，故国际田联不设世界纪录，只公布世界最好成绩。

6. 竞走

竞走起源于英国。19世纪初，英国出现步行比赛的活动。19世纪末，部分欧洲国家盛行从一个城市到另一个城市的竞走旅行。1866年英国业余体育俱乐部举行首次冠军赛，距离为11.27千米。竞走分场地竞走和公路竞走两种。场地竞走设世界纪录；公路竞走因路面起伏等不可控因素较多，成绩可比性差，故仅设世界最好成绩。竞走运动的运动员行进时，两脚必须与地面保持不间断地接触，不准同时腾空，着地的支撑腿膝关节应有一瞬间的伸直，不得弯曲。比赛时，运动员出现同时腾空或膝关节弯曲，均给予严重警告，受3次严重警告即取消比赛资格。竞走于1908年首次被列入奥运会比赛项目，当时的距离是3.5千米和16.1千米。此后几届奥运会距离有所不同，有过3千米等，从1956年奥运会起距离定为20千米。女子竞走于1992年才被列入奥运会，距离为10千米，2000年奥运会将距离改为20千米。

（二）跳跃运动

跳跃运动也是一种良好的健身方法。经常进行跳跃性锻炼，可使体内器官得到保健性振荡按摩，从而增进身体健康，增强体质，提高运动素质水平。重复持续练习跳跃动作，使人体承担一定的运动负荷，有利于提高身体机能水平、平衡能力，发展协调用力和灵敏素质。

1. 跳远

跳远又称急行跳远，由助跑、起跳、腾空和落地这四个动作组成。运动员沿直线助跑（30~50米），在起跳板前沿线后用单脚起跳，经过身体腾空阶段，然后用双脚在沙坑落地起跳腿在起跳板上要经历放脚、缓冲、蹬伸三个阶段。在起跳腿蹬离地面的同时，摆动臂和摆动腿要协调配合做摆动动作，其要领是抬头、挺胸、提肩、拔腰。空中姿势一般分为蹲踞式、挺身式、走步式三种。无论采用哪种空中姿势，双腿在起跳离地的瞬间都有一个跨步姿势的"腾空步"动作。蹲踞式空中姿势要求在落地前，尽量将双腿提至胸前并高举落地。

（1）跳远运动的健身价值。

跳远是人们常见的田径比赛项目之一，不管是在奥运会赛场还是在高校的田径比赛中都是必不可少的比赛项目。虽然跳远的竞技性比较强，但是跳远也有很高的健身价值，经常练习跳远可以有效地提高短距离的速度能力、爆发力及下肢的力量，还可以提高上下肢的协调能力及心脏和心血管功能。

（2）练习跳远时的注意事项。

①由于跳远练习通常是在高速度、高强度的情况下完成动作，所以在练习前一定要做好充分的准备活动，以免受伤。

②进行练习前及时检查跳远沙坑和起跳板。

③练习起跳动作时，速度不宜过快，以掌握动作为主。

④练习腾空动作时，一定要注意把重心控制在身体偏后方而不能太靠前，否则容易造成头和上肢先着地而受伤。

2. 跳高

跳高是人体通过快节奏的助跑、单脚起跳、越过横杆落地等动作组成，以越过横杆上缘的高度来计算成绩的比赛项目。在田径运动各个项目中，跳高是技术比较突出的一个项目。1800 年，跳高就是苏格兰高地运动会的比赛项目之一；1864 年，在第一届"牛津－剑桥运动会"上首次出现了"跨越式"跳高的方法。1896 年第一届现代奥运会上男子跳高被设为正式比赛项目；1928 年第九届奥运会上，女子跳高也被设为正式比赛项目。经过长期的实践，跳高技术在实践认识再实践再认识过程中不断发展，跳高姿势也经历了跨越式—剪式—滚式—俯卧式背越式的演变过程。

（1）跳高的健身价值。

跳高虽然也是奥运会和正式比赛中常见的竞技性项目，但是它也具有很高的健身价值。与跳远类似，经常练习跳高能有效地提高上下肢肌肉的协调能力，极大地提高下肢的力量，改善人体的灵活性、协调性和神经系统的支配能力，培养勇敢、果断、勇于挑战等优良品质和积极进取、拼搏到底的精神。

（2）跳高的动作方法。

就运动形式而言，跳高是一项克服垂直障碍的运动项目。在跳高动作的历史演变中有很多的跳高姿势，下面主要以跨越式跳高、背越式跳高为主来进行叙述。

①跨越式跳高。跨越式跳高是跳高过杆技术中最早采用和最简易的。从侧面直线助跑，用离杆较远的腿起跳，腾空后，摆动腿越过横杆后内旋下压，两臂稍后摆，使臀部迅速移过横杆，同时上体前倾并向横杆方向扭转，接着起跳腿高抬外旋，完成过杆动作。过杆后身体立对横杆，用摆动腿先着地。

②背越式跳高。背越式跳高的助跑步数为 8~12 步，前段跑直线，后段跑弧线，用离横杆较远的腿起跳，起跳离地后，保持伸展姿势向上腾起，并在摆动腿及其同侧手臂的带动下，加速身体围绕纵轴旋转，使身体背对横杆当头、肩越过横杆后，及时仰头、倒肩、展体、挺胸，并稍向后收双腿，形成杆上背弓姿势，同时身体重心尽量靠近横杆，以充分利用腾空高度。当身体重心移过横杆后，应加速向上甩腿越过横杆。过杆后以背部落垫。

（三）投掷运动

投掷运动是田径运动的重要组成部分，是人体通过运动自身的力量将手中的规定器械进行投射，并且尽可能获得最大远度的运动项目。它是以力量为基础，以速度和爆发力为核心的项目。常见的投掷项目非常多，如铅球、铁饼、标枪、链球、前抛（后抛）实心球等，它们都有同样的运动节奏：准备阶段（手持规定器械和做好准备姿势）、预备阶段（助跑、滑步、旋转等）、结束阶段（利用全身的力量和规范的动作将规定的器械投掷出去）。

背对投掷方向，躯干和肩带向右转，上体前倾（根据腿部力量而定），重心在右腿上，左臂和左肩前伸并稍向内扣。滑步前先做一两次预摆，预摆时左腿自然弯曲，大腿用力平稳并向上摆起，腿伸直，上体前屈。左臂微屈前伸或下垂并稍向内，头与背保持一条直线。高姿势持球后，背对投掷方向，站在投掷圈内靠近后沿处，两脚前后站立，相距 20~30 厘米，右脚尖靠近投掷圈内沿（脚也可稍向内转），左腿在后并自然弯曲以前脚掌或脚尖着地，上体正直放松，左臂自然上举，重心落在伸直的右腿上。低姿势持球后，背对投掷方向，站在投掷圈内靠近后沿处，两脚前后站立，相距 50~60 厘米（根据身高和下蹲的程度而定）。左脚在后，以前脚掌或脚尖着地，右脚尖贴近投掷圈（脚也可稍内转）。左臂自然下垂，左肩稍向内扣，两腿弯曲，上体前屈预备投掷 2~3 次后将球投出去完成动作。

第二节 球类运动

一、篮球

篮球运动起源于美国，最初是美国马萨诸塞州斯普林菲尔德基督教青年会训练学校体育教师奈史密斯在体育馆内组织学生进行的游戏。

1936年第11届奥运会，篮球被列为正式比赛项目。自1992年巴塞罗那奥运会开始，职业选手可以参加奥运会篮球比赛。奥运会的篮球比赛采用上、下半场各20分钟的赛制。如果打平，进行5分钟的加时赛。奥运会篮球比赛的三分线距离篮圈的垂直距离为6.25米。

中华人民共和国成立后，篮球运动在我国得到蓬勃发展。我国的篮球运动形成了"积极、主动、快速、灵活、全面、准确"的发展方向，技术水平有了很大的提高。在现代篮球运动中，美国的篮球运动发展得最快，美国篮球职业联赛（NBA）代表了世界的最高水准。我国的篮球运动以中国篮球职业联赛（CBA）的水平最高，同时涌现出了姚明、易建联、巴特尔、刘玉栋等一批优秀的球员，而中国大学生篮球联赛（CUBA）则丰富了广大大学生的业余生活，为热爱篮球运动的学子提供了一个展现自我的舞台。

（一）篮球战术概念

篮球战术是比赛中队员所运用的攻守方法的总称，是队员个人技术的合理运用和队员相互协同配合的组织形式。其目的是个人能够合理地运用和更好地发挥技术水平，取得协同配合、整体作战的效应，力争比赛的主动和最后获得胜利。

（二）攻防的基础配合

攻防的基础配合是组成全队整体攻防战术的主要基础，它是由两三个队员组成的一种简单配合。

①传切配合：进攻队员之间利用传球和切入技术组成的简单配合。对进攻人盯人防守、区域紧逼及联防等均有较好效果。

②突分配合：进攻队员利用持球或运球技术吸引防守队员"关门""补位"等，从而打乱防守阵势，给同伴创造无人防守机会，及时将球传给同伴

的简单配合。

③掩护配合：习惯称为"挡人"，是进攻队员有目的地选择适当的位置，用身体挡住对方的去路，使同伴能摆脱防守并获得进攻机会的一种配合。掩护配合一般有前掩护侧掩护、后掩护和反掩护。

④策应配合：处于内线的队员背对或侧对球篮接球，以他为"枢纽"，与外线队员的空切相配合而形成的一种里应外合的进攻方法。

（三）防守的基础配合

防守的基础配合是两三名队员在防守中运用协同防守配合的方法，它包括挤过、穿过、绕过、交换防守、"关门"、夹击、补防等防守配合，是组成全队防守战术的基础。

①交换配合：防守队员相互交换看守自己的对手所采用的一种配合方法。

②穿过配合：当对方进行掩护时，防守去做掩护的队员，在对方即将到达掩护位时后撤一步，让同伴由自己的身前穿过去。这种配合一般在对方运球掩护、无球队员之间掩护等无投篮威胁的情况下运用。

③绕过配合：当对方进行掩护时，防守去做掩护的队员，在对方即将到达掩护位时，适当贴近自己的对手让同伴由自己的身后绕过去，一般在对方无投篮威胁时运用。

④挤过配合：挤过是破坏对方掩护的有效方法之一，一般在紧逼防守或对方有投篮威胁时运用。

⑤"关门"配合：当进攻队员运球突破时，防守队员及其邻近的同伴，向突破队员靠近，形成一道封闭防线，像两扇门一样关闭起来，堵住运球突破者的路线。一般在区域防守或缩小人盯人防守时运用。

⑥补防配合：在同伴漏人后，两三名防守队员之间进行补漏交换的配合方法，补漏一定要与交换有机地联系在一起。

⑦夹击配合：一种主动的，有攻击性的防守配合。运用夹击在局部地区以多防少，通过对球的争夺，争取控制球权。夹击的目的是迫使对方传球失误，抢球反击；或者是造成对方持球5秒、球回后场等违例。

（四）快攻与防守快攻

1. 快攻

快攻是由防守转入进攻时，以最快的速度、最短的时间在人数上造成以多打少的优势，或者在人数相等及人数少于对方的情况下，趁对方立足未稳，果断而合理地进行攻击的一种进攻战术。实践证明，由防守转入进攻时，积极创造快攻战机，充分发挥快攻威力，能给对方很大的压力，并能争取主动，达到较好的进攻效果。

发动快攻时机：抢到防守篮板球时发动快攻；抢球、打球、断球、获球时发动快攻；掷界外球时发动快攻；跳球、获球后发动快攻。

快攻战术的形成和组织结构：快攻的形式分为长传快攻、短传快攻和运球突破快攻三种。长传快攻是队员在后场获球后，立即把球传给迅速摆脱对方进行偷袭的同伴的一种配合，是由一两个进攻队员利用自己奔跑的速度和同伴长传球的速度超越防守来完成的。短传快攻是队员在防守中获球后，立即以快速的奔跑和短促的传接球迫近对方篮下进行攻篮的一种配合。短传快攻虽然在速度上比长传快攻慢，参加的人数多，但比长传快攻配合灵活而且变化多。运球突破快攻：在防守中获球后，在不便于传球的情况下，应快速运球推进，创造或寻找配合机会，以提高快攻的速度和威力。这是一种个人攻击在快攻中的积极行动，在推进时，运球和传球要密切配合。注意防止盲目的个人运球，以免影响快攻战术的质量。

2. 防守快攻

防守快攻是由攻转守的刹那间，快速抢占有利的防守位置，利用强有力的个人防守行动和配合，以限制对手的速度、破坏对方攻击，使对方转入阵地进攻的一种防守战术。防守快攻最根本的方法是提高本队进攻的成功率，减少对方发动进攻的机会，减少不必要的失误，组织拼抢篮板球，以利于本队部署防守。防守快攻战术是一个有机的整体，必须根据快攻攻势的展开，有针对性地去防守，力求延缓对方进攻的速度，打乱对方进攻的节奏，推迟对方进攻攻击时间，以利于本队迅速组织阵地防守。

3. 区域联防

篮球区域联防是由进攻转为防守时，防守队员迅速退回后场，每个队员分工负责防守一定的区域，严密防守进入该区域的球和进攻队员，并与同伴协同防守，用一定的队形把每个防守区域有机地联系起来而组成的防守战术。它的特点是在每个人防守一定区域的基础上，随着球的转移和进攻队员的穿插移动而不断地调整防守的位置和队形（简称为球动人动，人随球动），重点防守有球区域和篮下。这种防守战术的位置固定，分工明确，重点突出，有利于保护篮下、组织后场篮板球和发动快攻。但由于受区域分工的限制，各种联防都存在一定的薄弱区域，容易被对方在局部区域以多打少。

4. 半场人盯人

半场人盯人防守战术，是在篮球比赛中由进攻转入防守时，全队有组织地迅速退回后场，在半场范围内进行盯人防守的一种全队战术，它是篮球运动中各种防守战术的基础。从运用的角度看，它能有效地控制对手，制约对手的特长，并能根据对方的配合范围和攻击的侧重点，及时调整防守位置和配备防守力量。因此，它是一种攻击性较强的防守战术。

二、足球

足球运动是一项古老的体育活动。它最早起源于我国古代的一种球类游戏"蹴鞠"，后来经阿拉伯人传到欧洲，发展成现代足球。所以说，足球的故乡在中国。据说，希腊人和罗马人在中世纪以前就已经从事一种类似足球的游戏了。他们在一个长方形场地上，将球放在中间的白线上，用脚把球踢滚到对方场地上，当时称这种游戏为"哈巴斯托姆"。现代足球的起源地是英国。19世纪初叶，足球运动在当时欧洲及拉美一些国家，特别是在英国已经相当盛行。直到1848年，足球运动的第一个文字形式的规则"剑桥规则"诞生了。

所谓的"剑桥规则"，即在19世纪早期的英国伦敦，牛津大学和剑桥大学之间进行足球比赛时制订的规则。因为当时学校里每套宿舍住有10个学生和1位教师，因此他们就以每方11人进行宿舍与宿舍之间的足球比赛，现在的11人足球比赛就是从那时开始的。1863年10月26日，英国足球协会在英国伦敦召开了现代足球史上十分重要的会议，草拟了比赛规程，但有些条文与现在的规则相去甚远。

足球比赛攻守过程中的个人行动和集体配合成为足球的基本战术。足球运动是一项对抗性较强的运动项目，它是由进攻和防守所组成的。根据攻防的基本特点，足球战术可分为进攻战术、防守战术、比赛阵形三大部分。进攻和防守战术又分别包括个人、集体与全队的攻防战术。

（一）集体的局部配合进攻战术

集体战术是指两个或两个以上队员在比赛中为了完成全队攻防任务而采用的局部协同作战的配合方法，它包括"二过一"战术配合、"三过二"战术配合和反切配合等进攻战术。

1. "二过一"战术配合

顾名思义，"二过一"是两个进攻队员，通过传球配合突破一个防守队员的配合。"二过一"是集体配合的基础，可以在任何场区、任何位置上运用这种方法来摆脱对方的抢截或突破防线。"二过一"是进攻的两个队员之间相距10米左右，进行一传一切的配合。要求传球平稳及时，一般多用脚内侧、脚外侧等脚法，以传低平球为主。传球的位置，尽可能是接球人脚下或前面两三步远的地方。

2. "三过二"战术配合

"三过二"是在比赛中局部地区三位进攻队员通过连续配合突破两个防守者的防守。由于这种配合有两个同队队员可以同时接应传球，因此持球人传球路线更多，且进攻面扩大。

（二）全队进攻战术

全队进攻战术是指比赛中一方获得球后，通过队员之间的传递配合达到射门的目的而采用的配合方法。与局部进攻战术相比较，全队进攻战术的进攻面比较广，能增强进攻和快速反击等。

1. 边路进攻

利用球场两侧地区发起进攻的方法称为边路进攻。边路进攻是全队进攻战术的主要形式之一，其主要特点是有利于发挥进攻速度，为打破对方防线制造缺口。

2. 中路进攻

中路进攻是利用球场中间区域组织的进攻，这种进攻虽能直接射门，但难度最大，因中路防守最为严密，攻击手必须是反应极其敏锐、意识强、技术高、敢于冒险、速度快和善于策应的队员。

3. 转移进攻

当一侧进攻受阻而另一侧进攻有利时，要及时快速转移进攻方向。此方法多是采用有效而准确的中长距离传球来实现的，以拉开对方的一边防守，达到声东击西的进攻目的。

4. 快速反击

比赛中当攻方进攻时，后卫线往往压至中场附近，防守人数也由于场上进攻和助攻而相对减少，此时如能抓住对方防区空隙较大和回防较慢的机会，趁其失球发动快速反击，往往能取得良好的效果。快速反击是最能构成威胁的进攻手段，有效地进攻在于突然快速地反击，但其难度较大，既要冒险，又要有准确、快速地传切配合技能。快速反击要有组织，配合得要极为默契，必须进行专门性地训练，否则很难在比赛中实施。

（三）定位球战术

定位球战术是指在比赛中，利用"死球"后重新开始比赛的机会组织进攻与防守配合的战术方法。定位球战术包括中圈开球、角球、任意球、点球、掷界外球等。

在势均力敌的高水平比赛中，定位球战术有时起决定胜负的作用。在配合上要利用简练的一次配合取得射门机会，配合越复杂成功率就越低，故只有进行专门性的练习，才能在比赛中奏效。

（四）集体的局部配合防守战术

1. 补位

补位是足球比赛中局部地区集体配合进行防守的一种方法。当防守过程中一个防守队员被对手突破时，另一个防守队员则立即上前进行堵封。

2. 围抢

围抢是指比赛中在某局部位置上，防守一方利用人数上的相对优势（通常是两三位队员）同时围堵对方的持球队员，以求在短暂时间内达到抢断或破坏对方的目的。

3. 造越位战术

造越位战术是利用规则而设计的一种防守战术，是一种以巧制胜的省力打法，因而成为一种重要的防守手段。但由于其配合难度较大，搞不好会适得其反，让对手钻空子，故此战术往往被水平较高的球队所采纳，在一场比赛中也不是多次运用。

（五）全队防守战术

防守战术可分为两种基本类型：盯人紧逼防守（人盯人防守），即在规定的范围内盯人紧逼，不交换看守；区域紧逼防守（盯人和区域相结合），即现今流行的综合防守，紧逼和保护相结合，在个人的防区内紧逼，进行交替看守。盯人防守时各自都有明确的防守对象，如对方左边锋大幅度地斜插至右路，则右后卫紧跟盯防，不交替看守。防守最根本的原则是紧逼和保护。只有紧逼才能有效地主动抢断，压制对方技术的优势而获取主动权；保护是为了更好地紧逼和控制空当。

三、排球

（一）排球运动概述

排球运动是两队以中间球网为界，用手通过发球、垫球、传球、扣球、拦网等动作来组织进攻与防守的球类运动之一。

排球运动开始于1895年，在美国马萨诸塞州霍利约克城，一位名叫威廉-摩根的天主教青年会体育教育督导创造了一种新游戏：在网球场上用篮球内胆进行比赛，双方人数不限但要相等，各据一方，将球胆在球网两边来回传托，使其在空中飞来飞去，这就是排球运动的雏形。最初的排球运动只是一种消遣活动，比赛人数的多少、球的大小、比分的多少都由比赛双方临时协商决定。很快这个游戏就在青年会中广泛地开展起来，最早被摩根和斯普林菲尔德市体育干事弗兰克-德博士及消防署署长林奇共同商定名为"小网"。1896年第一次表演赛之后，改名为"排球"（volleyball），这个名称一直被沿用至今。

排球战术发展趋势是促进后排进攻体系的形成和发展；前后排交错进攻与掩护的立体进攻体系得以形成，极大地丰富了战术的变化和组合；以重点队员为中心，以不同的层面为中心的战术组合将不断产生；阵容配备逐步发展，全面、充满力量、快速、多变的立体进攻体系战术将主宰未来排坛。

（二）排球的基本技术

准备姿势和移动是排球基本技术之一，属于无球技术，是完成发球、垫球、传球、扣球和拦网等各项有球技术的前提和基础，并对各项有球技术的运用起串联和纽带作用。准备姿势和移动是相辅相成的，准备姿势主要是为了快速移动，而要快速移动，又必须做好准备姿势。

1. 准备姿势

为了便于完成各种技术动作而采取合理的身体姿势称为准备姿势。合理的准备姿势是指既要使身体重心处于相对稳定的状态，又要便于移动和完成各种击球动作，为迅速起动、快速移动及击球创造最好的条件。完成某项有球技术之前的准备姿势，称为专项技术准备姿势，如拦网、发球、传球等都采用不同的准备姿势。

按照身体重心的高低，准备姿势可分为半蹲准备姿势、稍蹲准备姿势和低蹲准备姿势三种。

①半蹲准备姿势：两脚左右开立稍比肩宽，一脚稍前，两脚尖稍内收，脚跟稍提起；膝关节保持一定的弯曲，膝关节的投影在脚尖前面，上体前倾，重心靠前；两臂放松，自然弯曲，双手置于腹前；全身肌肉放松，两眼注视来球，两腿始终保持微动。

②稍蹲准备姿势：稍蹲准备姿势比半蹲准备姿势重心稍高，动作方法相同，一般用于扣球助跑前或对方正在组织进攻时，需快速起动的场合。

③低蹲准备姿势：低蹲准备姿势比半蹲准备姿势的身体重心更低，更靠前，两脚左右、前后的距离更宽一些，膝部弯曲程度更大一些；肩部投影过膝，膝部投影过脚尖，手置于胸腹之间。低蹲准备姿势主要用于防守和接拦回球等。

2. 移动

从起动到制动的过程称为移动。移动的目的主要是及时接近球，保持好人与球的位置关系，以便击球。迅速地移动可占据场上的有利位置，争取时间和空间。队员能否及时移动到位，直接影响战术的质量。移动由起动、移动和制动三个环节所组成。

①起动。起动是移动发力的开始，它的快慢是移动的关键，起动的速度取决于正确的准备姿势、反应能力和腰、腿部的速度力量。在排球比赛中，应根据场上的情况，采取不同的准备姿势，以利于随时改变移动方向和迅速移动。

②移动。并步与滑步：当来球距身体一步左右时可采用并步移动，如向前移动时，则后腿蹬地，前脚向来球方向跨出一步，后腿迅速跟上做好击球准备。当球在体侧稍远，并不能直接接近球时，可快速连续并步，连续地并步即为滑步。跑步：球离身体较远时需跑步，采用跑步移动时，两臂要配合摆动，根据来球的方向，边跑边转身，并逐渐降低重心，保持好击球准备。交叉步：以向右交叉步为例，上体稍向右转，左脚从右脚前面向右交叉迈出一步，然后右脚再向右跨出一大步，同时身体转向来球方向，保持击球前的姿势。跨步和跨跳步：跨步比交叉步移动距离近，便于接近处 1~2 米低球。

移动时步幅较大，身体重心较低，如向前移动，则后脚用力蹬地，前脚向前跨出一大步，膝部弯曲，上体前倾，身体重心移至前腿上。跨步过程中有跳跃腾空的即为跨跳步。综合步：以上各种步法的综合运用。

③制动。制动是移动的结束，也是击球动作的开始。在快速移动后，为了保持稳定的击球姿势，必须进行制动，克服身体移动的惯性，以便于完成下一个击球动作。

常用的制动方法主要有一步制动法、两步制动法两种。一步制动法：一步制动时，在移动最后跨出一大步，同时降低重心，膝部和脚尖适当内转，全脚掌横向蹬地，以抵住身体重心继续移动的惯性力，并以腰腹力量控制上体，使身体重心的垂直线停落在脚的支撑面以内。两步制动法：以移动最后第二步开始做第一次制动，紧接着跨出最后一步做第二次制动。

3. 准备姿势和移动的运用

广大初学者，应首先学习最基本的半蹲准备姿势，然后学习稍蹲、低蹲准备姿势。按照并步、跨步和交叉步的顺序学习移动，同时了解并掌握滑步、跑步和综合步法。对于初级教练员来说，准备姿势和移动的教学应同步进行。

①接身前低球的步法。当球向身体的前面而且较低的位置飞来时，必须立即从基本姿势降低身体的重心，同时将一脚弯曲在臂部之下，上身向前飞扑，使球的高度和胸部的高度相等，然后合手将球向上传出。身前低球应尽可能采用上手传球将球传出。

②用跳跃法处理高球。处理高球一般采用跳跃法。这种方法需要有敏捷的身手，并配合时间跳跃到最高点处理球。

③向侧面移动的方法。跑步：当来球距离远，应采用快速转身跑的方法。交叉步法：多用在接球、传球、垫球和拦网时，身体保持原来正面方向，利用两步交叉法移位，最后一次交叉步可用来止步。并步法：多用于向侧面移动，身体保持原来的方向，两脚用较小的步子向侧面移动，最后止步。

4. 发球

发球是排球运动基本技术之一。比赛总是以发球开始的，有威力的发球可以直接得分或破坏对方的一传，起到先发制人、争取主动的作用，在心理上给对方以威胁。发球失误或发球后对方能很容易地组织进攻，就会直接失去发球权，给本方防守带来困难。因此，发球既要有攻击性，又要有准确性。

发球时队员应站在发球区内,不得踏及端线和踏过发球区的短线及延长线。一只手平稳地将球向上抛起,用另一只手或手臂的任何部位将球击入对方场区,触球的一刹那即为完成发球。如球没抛好,允许抛球后球自由落地,只要不触及身体任何部位,可重新发球,但不得借此拖延比赛时间。第一裁判员鸣哨后5秒内必须将球发出,否则判发球违规。

发球技术包括侧面下手发球、正面上手发球、正面上手发飘球、侧面勾手发飘球、跳发球等。

①准备姿势:发球前,左侧(左肩)对球网,两脚开立,与肩同宽,左脚在前,两膝微屈,上体稍前倾,重心偏后脚或落两脚之间,左手持球于腹前,右臂自然下垂。

②抛球:左手将球平稳地抛在体前右侧,离手约一球多的高度。

③击球:在抛球的同时,右臂伸直,以肩关节为轴向后摆动;击球时,右腿蹬地,身体重心随着右手的向前摆动前移,在腹前用掌根击球的后下部;重心随击球动作前移,迅速进场比赛。

5. 扣球的动作方法

①准备姿势:站在离网3米左右处,两脚自然开立,两膝微屈,上体稍前倾,两臂自然下垂,观察二传队员来球,随时准备向各个方向助跑起跳。

②助跑:助跑的目的是获得一定的水平速度,增加弹跳高度,并且选择适当的起跳点。助跑的时机、方向、步法、速度、节奏是根据来球的方向、速度和弧线来决定的。因此,要全面熟练掌握一步、两步、三步及多步助跑的步法。以两步助跑为例,助跑时,左脚先向前迈出一步,接着右脚再迅速跨出一大步,左脚及时并上,落在右脚侧前方,两脚尖稍内收准备起跳。助跑的第一步要小,目的是对正上步的方向,使身体获得向前的水平速度;第二步要大,目的是接近球和提高助跑的速度,右脚落地支撑点在身体重心之前,以利于制动。

③起跳:在助跑跨出最后一步的同时,两臂绕体侧向后引,左脚在落地制动的过程中,两臂自后积极向前摆动,随着双腿蹬地向上起跳,两臂配合起跳用力上摆。

④空中击球:起跳后,挺胸展腹,上体稍向右转,右臂向后上方抬起,身体成反弓形;挥臂时,以迅速转体、收腹动作发力,积极带动肩、肘、腕各部位关节成鞭甩动作向前上方挥动;击球时,五指微张呈勺形并保持紧

张，用全手掌包满球，以掌心为击球中心，击球的后中部，同时主动用力屈腕屈指向前推压球，使扣出的球加速上旋。击球点在起跳和手臂伸直最高点的前上方。

⑤落地：空中完成击球动作后，身体自然下落，为了避免腿部负担过重，应用双脚的前脚掌先着地，同时顺势屈膝，缓冲身体下落的力量。

6. 扣快球

扣快球是扣球队员在二传队员传球前或传球时同时起跳，并迅速把球击入对方场区的扣球方法。扣快球是传统的打法，它的特点是速度快、突然性大、牵制能力强，有利于争取时间，达到突然袭击的目的。

①近体快球：在二传队员附近约50厘米处扣的快球。近体快球的进攻速度快，常常使对方来不及拦网和防守。近体快球不但进攻效果好，而且具有较强的掩护作用，是副攻手必须掌握的技术。近体快球的助跑路线一般同网的夹角保持在45度左右为宜，助跑时要与一传队员传出的球同时到网前，当球落在二传队员手上时，扣球队员应在二传队员体前约一臂距离处迅速起跳，快速挥臂将刚传出网口（球网上沿）的球扣过网。击球时，利用含胸收腹动作带动前臂和手腕迅速挥动，以全手掌击球的后上方。

②半快球：在二传队员附近起跳，扣超出网口两个半球高度的球。半快球比一般扣球速度快，比快球速度慢，队员可利用高点看清对方拦网者的手，以便改变扣球手法和扣球路线。半快球的助跑路线一般同球网夹角呈45度左右，扣球队员一般在二传队员出手后快速跳起。击球动作与近体快球基本相同，主要利用前臂和手腕加速甩动去击球。

③短平快球：扣球队员在二传队员体前2米左右，扣二传队员传过来的平快球。这种扣球由于速度快、弧线平，因而进攻节奏快，在网上进攻点多，有利于避开对方拦网，具有较强的牵制和掩护作用。短平快球的助跑路线与球网的夹角应小于45度，扣球队员要在二传队员出手的同时起跳，在空中挥臂截击平飞过来的球。击球时，要迅速地以含胸动作带动前臂和手腕加速挥动，以全手掌击球的上方。可根据对方拦网手臂的位置，在球平飞过程中寻找击球点。

④平拉开扣球：扣球队员在4号位标志杆附近，扣二传队员传来的长距离的平快球。这种扣球，二传球弧线低而平，飞行速度快，因而进攻的突然性大，进攻区域宽，容易摆脱对方的集体拦网。平拉开扣球的助跑路线应采

用外绕助跑,在二传队员球出手后,在 4 号位标志杆附近起跳,在空中截击球。击球动作与扣短平快球基本相同。根据击球部位的不同,可扣出小斜线球或直线球。

⑤调整快球:在一传球不到位、离网较远时,二传队员把球调整到网前进行快球进攻。调整快球要根据二传队员的位置和传球的方向、出手的时间,选择助跑的角度、路线和起跳时间。应边助跑边观察,助跑的路线与球网的夹角要小,以便观察球的飞行路线和落点,使起跳点与二传球的飞行路线形成交叉点。起跳时,左肩斜对网,右臂随来球顺势向前追击球。击球时,利用含胸收腹动作带动手臂向前上方挥动,以全掌击球的后上方。手触球时,手腕要有明显的推压动作,使球上旋。

7. 垫球

垫球是排球基本技术之一,是接发球、接扣球及后排防守的主要技术动作,是组织反攻战术的基础。垫球技术的熟练程度和运用能力,是争取胜利的重要条件。垫球有正面双手垫球、体侧垫球、正面低姿势垫球、背垫球、单手垫球、前扑垫球、鱼跃垫球、侧卧垫球、滚翻垫球、挡球等。其中,正面双手垫球是各种垫球技术的基础,适合接速度快、弧度平、力量大、落点低的各种来球,在排球比赛中运用较多。

(1) 正面双手垫球。

正面双手垫球适合接速度快、弧度平、力量大、落点低的各种来球,在接发球和后排防守时被广泛采用,是各项垫球技术的基础。正面双手垫球的基本手形有抱拳式、叠掌式和互靠式,但无论采用哪种手形都应该注意手腕下压,两臂外翻。

准备姿势:正面对准来球方向,迅速判断来球情况,及时移动。

击球手形:两手掌根紧靠,两手手指重叠合掌互握,两拇指平行;两臂自然伸直,手腕下压,小臂外展靠拢,手腕关节以上的前臂形成一个垫击的平面。

击球动作:击球时,蹬腿提腰、含胸提肩、压腕抬臂等动作密切配合,手臂迅速插入球下,将球准确地垫在手腕以上 10 厘米的小臂上。击球时,两臂保持平衡固定,身体和两臂自然地随球半送,以便控制球的落点和方向。

手臂角度:手臂角度对控制球的方向、弧度和落点有很大影响,应根据垫球距离和入射角等于反射角的原理加以调整。

正面双手垫球应掌握"一插、二夹、三抬臂"。"插"就是将垫球手和双臂插到球下,下插的程度应能保证以小臂的前半部击球。插臂的角度要根据来球的弧度做相应的变化。"夹"就是夹臂。完成夹臂动作要自然,并配合有提肩、含胸、压腕及挺肘等动作。"抬臂"就是用蹬地、压腕、挺肘、抬臂等动作协调地将球有控制、有目的地垫出。

(2) 背垫。

背垫是垫球技术的一种,即背向出球方向的垫球,常在接应同伴来球或第三次处理过网球时采用。判断好球的飞行方向,迅速移动到球的落点处,背对击球方向,两臂夹紧伸直,击球手形与正面垫球相同,击球点要高于肩部。击球用力是通过抬头挺胸、展腹后仰、手臂向后上方抬送而实现的。在背垫低球时,也可以屈肘、翘手腕动作在虎口处将球向后上方垫起。

(3) 单手垫球。

单手垫球是垫球技术的一种,一般在来球低、速度快、距离远时采用。单手垫球也多在无法用双手垫球的情况下采用。体侧单手垫球方法:一脚迅速向侧前方跨出一大步,重心移至跨出的腿上,跨出腿的同侧臂迅速伸出,用虎口或小臂击球的后下部。在体前可用手背平面击球,手臂要伸直,有抬击动作。垫球时用虎口或手背击球的后下部。击球时有向上翘腕的动作。单手垫球可结合滚动、前扑、鱼跃等动作来完成。

8. 传球

传球是排球的基本技术之一,是比赛与组织战术的基础,主要用于衔接防守和进攻。传球有正传、背传、侧传和跳传四种。这四种传球技术的传球手形基本相似,都是在额前上方击球,主要运用于二传,有顺网正面二传、调整二传、背二传、侧二传、跳二传、倒地二传、传快球、传平快球、二传吊球等。

(1) 正面双手上手传球。

准备姿势:两脚前后站立,后脚跟稍前提起,两膝微屈,上体稍前倾,双手由下提起置于胸前,两肘自然下垂。

手形:两手十指自然张开,掌心相对,手指微屈呈半球状,手腕稍后仰,以拇指、食指、中指托住球的后下部,无名指和小指在两侧辅助控制传球的方向。

击球时的用力：传球时，利用蹬地、伸膝、展体和伸臂动作，以拇指、食指、中指发力，无名指和小指控制住球的方向。触球的瞬间，手指和手腕应保持一定的紧张程度，用手指和手腕的弹力及身体和手臂的协调力量将球传出，用力一定要协调一致。传球距离较近时，手指、手腕的弹力较大。

（2）背传。

背传是排球传球技术的一种，用力方向与正传相反。击球点比正传偏后，用力蹬腿、展腹、抬臂、伸肘，通过手指、手腕的弹力把球向后上方传出。背传动作比较隐蔽，能出其不意，迷惑对方，增加战术的变化。

准备姿势：上体比正面传球时稍直立，身体重心稳定在两脚之间，双手自然抬起并放松置于脸前。

迎球：双手上举，挺胸，掌心稍向上，手腕稍后仰。

击球点：保持在额上方。

手形：与正面传球相同，拇指托球的后下部。

用力：利用蹬地、上体后仰、挺胸、展腹、抬臂等动作及手腕和手指的弹力将球向身体后上方送出。

（3）跳传。

跳起在空中做传球动作称为跳传。跳传有原地跳、组跑跳、双足跳、单足跳等。当一传队员来球较高时，二传队员常跳起在空中进行第二传。

起跳后两手放在脸前，当跳至最高点时，两手伸至额上方击球，主要靠手臂和手腕的力量将球传出。跳传在世界高水平比赛中常被运用。

（4）侧传。

身体不转动，双臂向侧方向伸展的传球动作称为侧传，侧传有一定隐蔽性。

动作要领：传球前背对传球，上体保持正直或稍后仰，击球点比正面传球要高。迎球时，通过下肢蹬地使身体重心向上伸展，但上体和手臂应向侧上方用力，触球下方，传球方向异侧手臂的动作幅度和用力的距离要大于同侧手臂。

9. 拦网

拦网是防守的第一道防线，也是得分的重要手段之一。

（1）拦网技术在比赛中的作用。

拦网是排球运动的基本技术之一，也是一项具有进攻性的防御技术。成功的拦网可以直接拦死、拦回对方的扣球，削弱对方的进攻锐气，减轻本方后排防守的压力，为组织反攻创造机会，是得分和获取发球权的重要手段之一。

（2）拦网技术的动作方法。

准备姿势：面对球网，两脚平行开立约与肩同宽，距网30~40厘米，两膝微屈，两臂自然弯曲置于胸前。随时准备起跳或移动。

移动：为了对准对方进攻点，拦网队员需要及时移动。常用的移动步法有以下四种。

①并步移动，这种移动适合于近距离使用。动作方法：单脚向右（左）迈一步，另一脚并步靠拢。

②滑步移动：相距2米左右可采用滑步移动。连续的并步移动即是滑步。

③交叉步移动：这种移动速度快，制动能力强，移动范围大，适用于中、远距离。动作方法：向右移动时，身体稍向右转，重心移向右脚，接着左脚从右脚前面向右交叉一大步，然后右脚再向右边跨出一步，右脚落地时，脚尖内转，使两脚平行站立，身体正对球网。移动时，也可右脚先向右迈一小步，其他动作与上述相同。

④跑步移动：移动距离较远时采用。动作方法：向右移动时，身体先向右转，左肩对网，顺网跑至起跳点时，左脚跨出一步制动，右脚再向前迈出一步，同时脚尖内转，尽量使双脚保持平行站立，接着屈膝起跳。

起跳：起跳时，重心降低，两膝弯曲，弯曲程度因人而异，两脚用力蹬地，两臂在体侧划小弧用力上摆，带动身体向上垂直起跳。起跳后稍收腹，控制身体平衡。拦网起跳的时间必须掌握好，应根据对方二传球的高低、远近、快慢及扣球队员的起跳时间和动作特点来决定。拦高球时，一般应比对方扣球队员晚跳；拦快球时，可以和对方扣球队员同时起跳或提前起跳。

空中击球：起跳的同时，两手从额前贴近并平行球网，向网上沿的前上方伸出，两臂伸直，前臂靠近网，两手伸向对方上空接近球，两手自然张开，屈指屈腕呈勺形。两手之间距离不能超过一个球，以防止球从两手间漏过。当手触球时，两手要突然紧张，手腕要用力下压盖住球的上方。站在靠近边线的拦网队员，为了防止对方扣球出界，外侧手掌心在拦击球时要内转。拦远网扣球时，要尽量向上伸直手臂，不要采用压腕动作，以提高拦击点。

落地：如已将球拦回，则面向对方，屈膝缓冲，双脚落地。如未拦到球,在身体下落时要随球转身向着球飞出的方向准备接应救球。

拦网的判断:判断是拦网技术的关键环节,在拦网的全过程中都要保持判断能力。拦网应从五个方面进行判断:判断对方的战术打法;判断对方一传情况;判断对方二传队员的方向、弧线、速度和落点;判断对方扣球队员的助跑方向、起跳的时间及起跳后人与球的关系和空中挥臂击球动作;同时,还要判断对方扣球队员的个人技术特点。

(三) 排球的基本战术

1. 基础战术

(1) 快球。

快球的特点是速度快、突然性大,因而牵制性强,有利于争取时间和空间。快球分近体快球、远网调整快球、短平快球、半快球、时间差快球、错位快球等。打快球时,助跑步伐要轻松、快速、灵活、有节奏,浅下蹲,快起跳,上体和挥臂动作要小,前臂和手腕加速甩动击球。

(2) 近体快球。

近体快球是快球的一种。扣球队员助跑至二传队员身边,在二传队员还没有出手之前跳起,待二传队员将球传送到网口时,扣球队员快速挥臂甩腕击球,速度快、突然性强、效果好。日本排球界称为 A 快球。

(3) 短平快球。

短平快球是扣球的一种。扣球队员和二传队员相距 1.5~2 米,在二传队员出手的同时或出手前起跳,截扣二传队员传出的平球。日本排球队首先使用,并将此种扣球称为 B 快球。

(4) 位置差。

位置差是排球进攻战术之一。扣球队员佯作起跳,以吸引对方拦网,待对方拦网者起跳拦网时,扣球队员突然向侧方跨跳一步,起跳扣杀。扣球队员的佯攻要逼真,错位的移动要迅速连贯,并与快攻实扣交替使用,效果更好。

(5) 时间差。

时间差是排球进攻战术之一。扣球队员佯作助跑起跳,诱使对方起跳拦网,但自己急停制动,当对方下落时,自己再突然从原地起跳进行实扣。采用这个战术可以避开对方的拦网,提高扣球的成功率。

(6) 空间差。

空间差是排球进攻战术之一。扣球队员起跳后，利用身体在空中的位移，避开对方的拦网，达到进攻的目的。因起跳点和实扣点在空间上的差距而得名，简称为"飞"。完整的含义是"空中移动进攻"。扣球队员在二传队员前扣球称"前飞"；在二传队员背后扣球称"背飞"。

(7) 插上进攻。

插上进攻是后排队员插到前排作二传队员，把球传给前排 3 个队员扣球的进攻形式。一般以 1 号位插上为多。插上进攻能保持前排 3 点进攻，充分利用球网的全长，有利于突破对方的防线。战术变化多，可以打出交叉、梯次、夹塞、立体进攻、双快一游动等战术进攻。

2. 战术种类

(1) 接发球站位。

由于队员在场上的位置是轮转的，因此接发球的站位布局应充分考虑本方的进攻特点和对方发球的特点。任何一种接发球站位都应根据对方发球的特点做出相应合理的调整。

"中一二"站位：二传队员在 3 号位。

"边一二"站位：二传队员在 2 号位。

"反边一二"站位：二传队员在 4 号位。

"插上"站位：接发球站位可 1 号位插上、6 号位插上、5 号位插上。

(2) 进攻战术。

①"中一二"战术形式特点：容易组织，但战术变化少，只能两点进攻，战术意图容易被识破，战术的突然性和攻击性小。其变化形式：扣球队员通过二传队员传出集中、拉开、背传和平快等各种球，采用斜线助跑、直线助跑和跑动中变步起跳扣球。

②"边一二"战术形式特点：形式简单，容易掌握，也是基本战术形式之一。其变化形式：除"中一二"战术形式变化外，还可组织"快球掩护拉开""前交叉""围绕""快球掩护夹塞""梯次""短平快掩护拉开""掩护活点进攻"等战术变化。

③"插上"战术形式特点：保持前排 3 人进攻，能充分利用网的全长，发挥每个队员的特点，组成快速多变的各种战术策略。进攻的突破点多，突然性大，使对方难以有效组织集体拦网和防守。

(3) 防守战术。

① "心跟进"防守形式：在对方拦网能力强，本方采用打吊结合时采用。当对方 4 号位队员进攻时，本方 2 号、3 号位队员拦网，后排中心的 6 号位队员在奔跑拦网时跟在拦网队员之后进行保护，其余 3 名队员组成后排弧形防守。其优点是加强了前排的防守能力，缺点是后排防守队员之间的空档较大。

② "边跟进"防守形式：在对方进攻较强、吊球较少时采用。当对方 4 号位队员进攻时，本方 2 号、3 号位队员拦网，其他 4 个队员组成半圆弧形防守。如遇对方吊前区，由边上 1 号位队员跟进防守。其优点是加强了拦网，缺点是边上的队员既要防直线，又要跟进防前区，比较困难。

四、乒乓球

(一) 乒乓球运动概述

乒乓球是由两名或两对选手，用球拍在中间隔放一个球网的球台两端轮流击球的一项球类运动。乒乓球运动于 19 世纪末起源于英国，流行于欧洲，最早称为 "table tennis"，从这个命名可以看出，网球运动是乒乓球运动的前身。1900 年左右出现了用赛璐珞制成的球，由于拍与球撞击时发出 "乒" 而球落台时发出 "乓" 的声音，故而又称 "乒乓球"。

1903 年，英国人古德发明了胶皮球拍，极大地促进了乒乓球技术的发展。1926~1951 年，世界各国选手大都使用表面有圆柱形颗粒的胶皮拍，击球时增加了弹性和摩擦力，可以使球产生一定的旋转，因而出现了削下旋球的防守型打法。这一打法在欧洲流行长久，不少运动员采用这种打法获得了世界冠军。这一时期欧洲的乒乓球运动实力很强，其中匈牙利队的成绩最突出，在 117 项次世界冠军中，他们获得 57 项次，占欧洲队的一半。20 世纪 50 年代初，奥地利人发明了海绵球拍，日本运动员使用这种球拍一举夺取了第 19 届世界乒乓球锦标赛的四项冠军，动摇了欧洲运动员的垄断地位。日本运动员利用这种球拍创造的远台长抽进攻型打法，具有正手攻球力量大、速度快、发球抢攻威胁大等优点，逐渐取代了欧洲速度慢、旋转弱、攻击力不强的防守型打法，使日本队在 20 世纪 50 年代乒乓球运动中占有绝对优势。

1904 年，上海一家文具店的老板王道午从日本买回 10 套乒乓球器材。从此，乒乓球运动传入中国。中华人民共和国成立后，乒乓球运动在我国得到迅速的普及和发展。1952年，中国加入国际乒联。1959年，容国团在第25届世界乒乓球锦标赛上夺得了中国历史上第1枚金牌，从此中国乒乓球队跻身于世界强队行列。从1959年至今，中国乒乓球队一直雄踞世界乒坛，战绩辉煌，因此乒乓球被视为我国的"国球"。

20世纪末，国际乒联对乒乓球比赛规则进行了一系列改革：2000年10月，乒乓球规格由"38毫米，2.5克"改为"40毫米、2.7克"；2001年9月，乒乓球比赛由每局21分制改为11分制；2002年9月，乒乓球比赛执行发球无遮挡的规定。这些改革增加了击球板数，提高了比赛观赏性，增加了比赛胜负的偶然性，改变了由少数国家运动员包揽金牌的局面，也扩大了乒乓球运动的市场。

（二）乒乓球的基本技术

乒乓球的基本技术包括握拍法、基本站位、基本姿势、发球、接发球、攻球、弧圈球、推挡、直拍横打、削球、搓球和步伐等。

1. 握拍法

乒乓球的握拍方法，基本分为直拍握拍法和横拍握拍法两种。

（1）直拍握拍法。

以右手握拍为例。

直拍握拍要点：拍前，以食指第二指节和拇指第一指节扣拍，拇指与食指之间的距离要适中；拍后，其他三指自然弯曲，中指第一指节贴于拍的背面。

弧圈球型握拍法要点：拍前，拇指紧贴在拍柄的左侧，食指扣住拍柄，形成一个小环状紧握拍柄；拍后，其他三指自然伸直，中指第一指节顶在球拍的背面中间。

（2）横拍握拍法。

用横拍握拍法握拍时，虎口卡在柄侧，贴住拍肩，中指、无名指和小指自然地握住拍柄，拇指在球拍的下面轻贴在中指旁边，食指自然伸直，斜放在球拍的背面。浅握时，虎口轻贴拍柄；深握发力时，虎口贴紧球拍。正手攻或反手攻时，拇指和食指应作适时配合移动；削球时手指的变化不太明显。

2. 基本站位

乒乓球运动员选择自己的基本站位，应当根据不同类型的打法及个人打法的特点来确定，这样有利于技术特长的发挥。正是因为乒乓球运动员的类型打法不同，所以不同类型打法的运动员，其基本站位也略有不同。

基本站位指的是一个范围，而不是某个固定点，需要根据运动员的个人技术特点及身体条件决定。例如，同为弧圈球打法，侧身抢攻多的运动员，其基本站位就比使用反手多的运动员略偏左。再如，身材高大的运动员，其基本站位通常离台稍远一点。

如对手是以削球为主的打法，其习惯削球落点的长短，必然影响我方基本站位的前后变化；如自己是右手握拍，遇到左手握拍的对手，基本站位就要稍靠中间一些。

3. 基本姿势

运动员在还击每一个来球之前，应当使身体保持正确的姿势，以便迅速起动，抢占合理的击球位置，然后才能及时、正确地把球还击过去。

正确的基本姿势：两脚平行站立（略比肩宽）、提踵、两脚掌内侧用力着地，两膝微屈，上体略前倾，重心置于两脚之间，下颌向后收，两眼注视来球。以右手握拍为例，持拍手臂自然弯曲置于身体右侧，手腕放松持拍于腹前，离身体20~30厘米，做到"注视来球、上体微倾、重心居中"。

两脚开立略比肩宽，是为了保持身体重心的稳定；两膝微屈、脚掌内侧用力着地，有利于迅速蹬地起动；提踵的动作对保证快速起动具有重要作用。

4. 发球与接发球

发球可以凭运动员主观意志站在任何位置，发出各种线路、落点、旋转的球。高质量的发球可直接得分和配合第二拍，争取主动、积极的进攻，还能起到控制对方接球和破坏对方进攻的作用。发球由抛球和挥拍两个动作组成，抛球是前提，击球部位和挥拍是决定发球性质和质量的关键，用力大小和第一落点的远近是发球变化的条件。

比赛首先是从发球和接发球开始的，双方的接发球和发球相同。现代乒乓球发球技术的高度发展，使发球不仅具有主动性、攻击性，而且具有多样性、突然性、隐蔽性。比赛中如果接发球做得不好，不但会给对方较多的进攻机会，更重要的是会引起自己心理上的紧张和畏惧，造成一连串的失误，甚至导致全局的失败。反之，如果接发球做得好，不仅有时可以直接得分，而且可以破坏对方的抢攻，从而为进攻创造有利条件。

（1）选择站位。

要把对方发过来的球接好，首先必须根据对方发球的站位来决定自己的站位。如果对方准备用正手在球台的右角发球，可能发出右方斜线或右方直线球，考虑到右方斜线来球角度大，直线球相对而言角度要小些，接发球时的站位应在中间偏右些；如果对方用反手或侧身在球台左方发球，则接发球的站位应偏左些。根据自己的习惯打法来决定基本的站位，正手进攻多的运动员，常会站在球台左角接发球，以利于直接侧身运用接发球抢攻或抢拉；左推右攻打法和两面进攻较为均衡的运动员，往往选择站位居中偏左，便于正、反手控制或抢攻来球；攻守结合的运动员，站位多在中路，且离台稍远，以利于接发球时控制旋转和落点。要针对不同的对手调整站位，例如，有的对手喜欢打相持球，以发长球为主，我方站位就要离台稍远，但要留意突然性的近网短球；有的对手喜欢自己抢攻，以发短球为主，我方站位就应稍近些，但要防备对方以长球偷袭；与左手持拍的运动员对阵时，站位要比平时略偏右，以防斜线大角度来球。

(2) 来球性能的判断。

及时、准确的判断是接好发球的前提。从对方发球时的拍面方向和挥臂方向判断来球的斜、直线：对方如果发斜线球，拍面方向则向侧偏斜，手臂向斜前方挥击；对方如果发直线球，拍面方向则向前，手臂由后向前挥出。从对方发球时拍触球的移动方向判断来球的旋转性能，关键是观察对方拍与球接触瞬间球拍的移动方向，千万不能被对方触球前后的一些假动作所迷惑。一般情况下，球拍从上向下移动是下旋，从下向上移动是上旋，从左向右移动是右侧旋，从右向左移动是左侧旋。从对方发球时摆臂振幅大小和手腕用力程度判断来球落点远近和旋转强弱。一般来讲，凡是摆臂幅度大的发球，其落点比较长、力量比较大、速度比较快；摆臂振幅小的则相反。若发球时手腕抖动比较厉害，用力摩擦球，旋转就比较强，反之则旋转弱。从来球弧线和球的运行情况判断来球落点和旋转性能。如果来球飞行弧线最高点是在对方台面上空或靠近网前，来球落点就短；反之则长。下旋加转球在空中飞行时，表现出来的现象是前段快后段下沉，不转球则是前段慢后段快（球落台后向前冲）。球在空中飞行时，飞行弧线向左偏拐是右侧旋球，飞行弧线向右偏拐是左侧旋球。从对方击球的声音来判断来球的旋转性能，当遇到使用两面不同性能球拍的对手时，可以通过听对方球拍击球时的声音来区别不同的旋转球。一般来讲，击球声音较响的一面是长胶拍，声音不太响的那一面是反胶拍或正胶拍。

（3）接发球的方法。

接发球的基本方法是由点、拨、带、拉、攻、推、搓、削、摆短、撇等各种技术综合组成的。但对于已经掌握了以上接发球方法的优秀运动员，则可以根据自己技术打法的特长和战术的需要，打破一般接发球的规律去回接对方的任何来球。所以说，要提高接发球的能力，必须提高各项基本技术。

5. 攻球

①正手近台攻球：充分利用全身协调用力（蹬地、转腰、移重心），前臂发力为主，手腕辅助用力，击球点在身体右前侧（大约为前臂的长度），触球瞬间向前打为主，略带向上摩擦。

②正手中远台攻球：加大向右手方引拍幅度，增大击球的动作半径；上臂带动前臂发力，上臂向前发力，前臂和手腕向上发力为主；身体其他部位的协调用力不可缺少。

③正手扣杀：击球点离身体稍远；球拍应与球同高，在高点期击球，不宜打"落地开花球"；击球瞬间，整个手臂应发挥出最大力量，配合腰部转动及蹬地的力量。如来球带有下旋，球拍略低于来球，触球瞬间手腕向上抖动发力。

④正手拉球：身体重心略下降，右肩稍下沉；在球的下降前期击球，击球点不可过低于台面，触球时应尽量增大摩擦球体的面积和时间。

⑤正手台内突击：击球前持拍手臂不宜伸得太直，用中等力量击球较为合适，应根据来球的旋转性质与强度，调节好拍面角度、击球的部位和发力的方向。

⑥正手杀高球：要集中全身的力量于触球的一瞬间，击球点适当离身体稍远一点（增大挥拍动作的半径）。近网高球只需向下用力，但杀落点远、落点后有一定前冲力的高球，应保持足够的向前力量。

⑦反手近台攻球：击球过程中要注意收腹，转髋转腰；以肘关节为轴心，前臂发力为主，手腕有一向前上方摩擦球的动作；保持适宜的击球点尤为重要，击球点离身体太远或太近都难以发力。

⑧反手快拨：上臂贴近身体，前臂迅速前伸迎球；手腕控制拍面前倾，借来球反弹力将球拨回；掌握好击球时间，注意来球线路、落点变化并与突击结合运用，为进攻创造条件。

⑨反手快点：左方近网来球，以左脚向左前方上步；中间偏左来球，则

以右脚向前上步。快点斜线球时，球拍触球中部偏左，由后向前、向右挥动；快点直线球时，球拍触球中部，由后向前、向左挥动。重心及时前移，上体贴近球台，以利于在高点期击球。

⑩反手快拉：根据来球落点、线路长短，迅速移位；一般多以单步或跨步向左方、左前方或左后方移动，正对来球；击球过程中，注意收腹，以增大击球空间。根据来球的下旋强度，调节摩擦球时用力的大小和弧线的高低。

⑪反手扣杀：击球点不宜离身体太近，要以整个手臂和腰的协调配合来增加击球的力量，球拍触球瞬间用力要集中，避免仅用手腕弹击球。

6. 侧身攻球技术

近台，两脚开立约与肩同宽，左脚稍前。转腰将球拍引至身体右侧，前臂和球拍成一直线与台面平行。在上升期，击球的中上部，拍面稍前倾。前臂主动向前上方发力，前臂内旋压拍，使拍面前倾，击球后球拍顺势挥至前额，然后还原。

7. 弧圈球

弧圈球具有强烈的上旋，是攻击力强、威力大的进攻技术，第一弧线运行较慢，第二弧线下坠快，球反弹冲力大，以弧圈球为核心技术形成了直拍、横拍多种弧圈球打法。弧圈球的种类按击球方法区分，有正手弧圈球、反手弧圈球、侧身弧圈球；按旋转特点区分，有加转弧圈球、前冲弧圈球、侧旋弧圈球及不转弧圈球（俗称假弧圈）。

（1）正手拉加转弧圈球。

两脚分开，两膝内收微屈，重心置前脚内侧，左脚在前，略提脚后跟，身体略右转，手腕外展，向后拉，拍面成横立状。引拍至右后方，当来球跳至高点期或下降前期时，触球中上部或中部，腰髋带动上臂、前臂由后向前挥动，击球瞬间立即向前上方发力，右脚掌内侧用力蹬地，稍伸膝，前臂要迅速旋内收缩，协同摩擦，重心由右脚转向左脚。整个动作类似于掷铁饼时的动作。

（2）正手拉前冲弧圈球。

基本姿势同正手拉加转弧圈球，但身体重心稍提高。引拍时球拍与球同高或稍低于来球，上臂带动前臂向右腰部侧后展开，拍面前倾，于高点期或上升后期摩擦球的中上部，由右向左转腰，带动上臂、前臂、手腕由后向左前方发力，配合略向上摩擦，重心前移至左脚。

(3) 反手拉加转弧圈球。

站于球台偏左部位，距台约 60 厘米。两脚基本平站，身体重心落双脚之间，双膝微屈，腹内收，腰、上身略向左转，前臂置腹前自然弯曲。引拍至腹部左侧下方，肘关节略向前，屈手腕，拍下垂，拍面稍前倾，重心落左脚，于球下降前期触球中上部，触球瞬间脚用力蹬地，伸膝、转腹，腰髋带动上臂、前臂向前上方发力，拍撞球后摩擦，重心略上提、前移并转至右脚。

8. 推挡球

推挡球是直拍快攻打法的基本技术之一，特别是在左推右攻中占有极重要的地位，由于推挡站位近、动作小、落点多变、速度快并具有一定力量，所以在比赛中能主动调动和压制对方，为正手攻和侧身攻创造有利时机，在被动和相持时还可以起到积极防守和从相持转主动的作用。

（1）挡球。

挡球是推挡球技术的基础，初学者应掌握正确的动作手法。引拍时，上臂应靠近身体，前臂前伸近球，手腕、手指调节拍面，食指用力，拇指放松。

（2）快推。

击球点靠近身体，前臂适当后撤引起。在前臂向前推送的过程中，完成外旋动作。转腕动作不宜过大，关键是时机要恰当。

（3）加力推。

球拍后撤上引，增大用力距离，击球点适当离身体远一点，击球时间不宜过早或过迟，要有效地把身体各部分的力量集中在击球的一瞬间。

（4）减力挡。

击球前身体重心略升高，稍屈前臂，球拍保持合适的前倾角度。触球瞬间，有意识地做手臂、手腕后收的动作。削弱来球反弹力的同时，借来球的力量将球挡过去，回球速度快。

9. 直拍横打

直拍横打（直拍反面技术）是直拍的反面进攻技术，也是比直拍反手正面攻球更为合理的技术，它充分利用直拍反面击球在生理上的合理性，通过拉、打、带、挑、撕等技术的运用，在极大程度上弥补了直拍反手的不足，已经成为现代直拍运动员必须掌握的一项技术。

反面技术主要分成三大类：发球、上旋球和下旋球。上旋球包括：平挡球、快撕球、拉球、弹击球、反拉弧圈球、贴球。下旋球包括：拉高吊弧圈球、前冲弧圈球、抢拉半出台球、抢拉对方晃撇到反手位的球、全台反面抢拉弧圈球（主要是对直板正胶而言）。

（1）平挡球。

食指稍微放松，带住球拍，拇指用力向下压，使拍面前倾。站位与推挡球的站位一样，但重心稍靠右脚，接触球时用腰控制手臂，转腰带动手臂自然前迎击球，借对方来球的力量把球回击过去。在球跳起的最高点击球的中上部。

（2）反面快撕球。

反面快撕球是在平挡球的基础上发展而来的更高一级的技术，动作要领和平挡球一样，只是击球时间和击球点不一样。快速的击球时间是在球的上升期，有时球刚刚跳起就可以去接触球。击球的部位是中上部或顶部，在接触球的瞬间手腕用力直接往前摩擦。注意：在击球时是用手臂、腰和手腕发力，而不是仅用前臂和手腕发力，一定要用到腰的力量。

（3）贴球。

贴球的板面控制与快撕球一样，只是用力不同。贴球主要是借对方弧圈球的旋转顺势把球防过去，注意在接触球之前，球拍和球之间不要有太大的距离，击球点在球的顶部，使球拍贴在球上，在接触球的一瞬间手腕用力往前摩擦。关键是手腕用力时不能完全借力，也不能发大力，做到既要借力又要自己发点力。

（4）抢拉对方侧身晃撇到反手位的球。

这项技术的动作要领和拉下旋球一样，但在击球时间上有点区别，击球时间绝大部分都在球的下降前期。平时训练的站位和比赛中的站位有所不同。平时训练的站位重心可以稍偏右脚，在比赛中站位就必须根据来球进行调节。当算准对方会晃撇反手位，你决定用反面拉时，站位可以与平时训练的站立一样；当需要根据对方来球来决定用反面抢拉时，站位就必须从侧身位调整到平时训练的站位。

（5）弹击球。

拍面前倾，在球的上升后期或最高点击球。在击球时用腰控制手臂，身体前迎，用腰和手腕发力，向前下方用力弹压。旋转越强，向下的力量越大；旋转稍弱，向前的力量就应该大一些。

（6）中台拉球。

拍面前倾，在球的下降期击球，接触球的中上部，身体重心稍偏右脚，用力的时候用腰和手腕发力，手腕向前用力摩擦球。注意：在拉球时手臂不要甩，用腰控制手臂。

（7）反拉弧圈球。

反拉弧圈球是在贴球基础上发展而来的更高一级的技术。贴球是被动中的防御，反拉是防御中的主动转攻。这个技术运用的难度很大，要掌握和运用它必须具备很好的基本功和判断能力。它的运用有两方面：一是反拉对方从下旋球拉起来的旋转不是很强的弧圈球；二是对方轻拉到反手位时，抓住时机反拉。

10. 削球

削球是我国乒乓球传统打法之一，也是乒乓球防守技术之一。削球技术正在向转、稳、低、攻方向发展，具有球速慢、弧线长、球下旋等特点。削球也是一种防守技术，以其旋转和落点变化威胁对方，有近削、远削、加转削、不转削、削逼角球和削弧圈球等几种。

（1）远削。

正手远削：中台站位，左脚稍前，上体稍向右转，重心落于右脚，持拍手臂自然弯曲于腹前。顺来球方向向右上方引拍与肩同高，拍面后仰。当球从台上弹起时，持拍手上臂带动前臂由右上方向左前下方加速切削，手腕向下转动用力，在右侧离身体40厘米处击准下降期球的中下部，并顺势前送。

反手远削：中台站位，右脚稍前，上体左转，重心落于左脚，持拍手臂自然弯曲放松置于胸前。顺来球路线向左上方引拍约与肩高，拍柄向下。当球弹起时持拍手从左上方向右前下方挥动，拍面后仰，用前臂和手腕加速用力切削，球拍在胸前偏左30厘米处击准下降期球的中下部，并顺势挥至右下侧。

（2）近削。

向上引拍比肩略高，根据来球的情况调节拍面后仰角度。前臂发力为主，手腕配合下压，击球后没有前送的动作。

（3）削弧圈球。

应在来球的下降后期触球，此时球的旋转已减弱。击球点一般选在右腹前为宜，并适当放低些，这样可利用来球部分向上的反弹力形成自然的回球弧线，有利于提高削球的准确性。球拍触球时，拍面不能过分后仰，应触球的中下部；如来球旋转较强，可使拍面竖直些，并适当加大手臂向下压球的力量。触球时，手腕应相对固定，以免回球过高。

11. 搓球

搓球是近台还击下旋球的一种基本技术。由于回球线路较短，多在台内，因而会使对方回球困难。另外，搓球又比较隐蔽，旋转和落点变化也可用作过渡技术，用以寻找进攻机会。

（1）慢搓。

应根据来球的具体情况，控制好拍面的后仰角度。击球时，前臂用力为主，转腕动作不宜过大。搓加转球，在向下用力的同时，应增加前送的幅度。

（2）快搓。

身体重心前移，身体靠近来球。前臂主动前伸插向球的中下部。快搓一般借力还击，若来球下旋弱，可用力下切。

（3）提转与不转球。

加转是前提，转与不转间差异越大越有威力。搓加转球时，手腕爆发式用力为主。搓不转球时，要注意回球的弧线。

（4）不同性能球拍的搓球。

掌握熟练的倒拍技术，选择好换拍面搓球的时机，使对方防而不备、出现失误，并做好下一拍球的应变准备。

12. 步法

乒乓球运动在迅速发展，上肢技术在不断丰富创新，随之也就对下肢的步伐移动提出了更高要求。不然，将直接影响上肢技术的发挥，降低击球的质量。基本步法技术动作如下。

（1）单步。

单步以一只脚为轴，另一只脚向前、后、左、右不同方向移动，身体重心随之落在移动脚上。

（2）跨步。

跨步时一脚蹬地，另一脚向移动方向跨一大步，蹬地脚随后跟上半步或一小步，身体重心移到跨步脚上。

（3）并步。

并步时一脚先向另一脚并半步或一小步，另一脚在并步脚落地后随即向来球方向移动一步。

（4）跳步。

跳步以来球异侧脚用力蹬地，两脚同时离地向来球方向跳动。

（5）交叉步。

以靠近来球方向的脚作为支撑脚，调整该脚的脚尖指向移动方向，远离来球方向的脚在体前交叉，向来球方向跨出一大步，身体随之向来球方向转动，支撑脚跟着向来球方向再迈一步，这是前交叉步。后交叉步是在体后完成交叉动作。

五、羽毛球

（一）羽毛球运动概述

羽毛球运动起源于英国，它是由印度的"浦那游戏"逐步演变而成的。羽毛球的雏形出现于19世纪中叶，当时印度的浦那城里，有一种类似羽毛球的游戏开展得十分普遍，它用圆形硬纸板或以绒线编织成球形插上羽毛，练习者手持木拍，将球在空中轮流击出。这项游戏在英国驻印度军队里开展得尤其活跃。据考证，类似羽毛球活动的板羽球游戏在中国古代也曾出现过。

现代羽毛球运动起源于1873年。在英国伯明顿镇，有一位鲍费特公爵，一天他在他的庄园里组织了一次游艺活动，由于天公不作美，户外活动只能改在室内进行。应邀来宾中有好几位是英国驻印度的退役军人，他们建议进行"浦那游戏"。当时室内场地呈葫芦状，他们在场地中间拉了一根绳子代替球网，每局比赛只能有两人参加，有一定的分数限制，大家打得非常热闹。于是羽毛球作为一种高雅的娱乐活动迅速传遍英国，为了纪念此项运动的诞生地，伯明顿（badminton）即成为羽毛球的英文名字而流传于世界。

1893年，世界上最早的羽毛球协会——英国羽毛球协会成立，并于1899年举办了全英羽毛球锦标赛。在1948~1949年举行的首届世界男子羽毛球团体锦标赛"汤姆斯杯"赛中，马来西亚队荣获冠军，从此开辟了亚洲人称雄国际羽坛的时代。在1948~1979年间的11届"汤姆斯杯"赛中，印度尼西亚队夺得7次冠军，马来西亚队夺得4次冠军。20世纪60年代前期，中国队后来居上，1963年和1964年打败世界冠军印度尼西亚队，1965年又全胜北欧诸强,被誉为"无冕之王"(因当时我国未加入国际羽联,不能参加世界性锦标赛),直至1981年,我国才成为国际羽联的正式成员。

世界女子羽毛球团体锦标赛"尤伯杯"赛于1956年开始举行,前3届冠军均被美国队夺得。从20世纪60年代后期起,日本队和印度尼西亚队包揽了历届比赛的冠军、亚军。

1982年,中国队首次参加全英羽毛球锦标赛即获得了女子单打冠军、亚军和双打冠军。到了20世纪80年代后期,马来西亚队、韩国队有了长足的进步,多次获得国际羽毛球大赛的男子团体冠军、双打冠军。女子方面,中国队、印度尼西亚队继续保持领先水平,韩国女队迎头赶上,是近年来中国队、印度尼西亚队的主要对手。

1978年2月,世界羽毛球联合会于中国香港成立。1981年5月,国际羽毛球联合会和世界羽毛球联合会正式合并。

目前,国际羽毛球联合会已拥有100多个会员。国际羽毛球联合会管辖的世界性比赛有:"汤姆斯杯"赛(世界男子羽毛球团体锦标赛),从1948年开始,每3年举办一次,1984年起改为每两年举行一次;"尤伯杯"赛(世界女子羽毛球团体锦标赛),从1956年开始,每3年举办一次,1984年起改为每两年举行一次;世界锦标赛(单项比赛),从1977年开始;全英羽毛球锦标赛(非正式传统单项比赛),在1899年开始每年举办一次。

(二)羽毛球的基本技术

羽毛球的主要基本技术包括手法和步法两大类。手法有握拍法、发球法和击球法;步法有基本步法和前后左右移动的综合步法。

1. 手法

羽毛球握拍法正确与否,对于掌握和提高羽毛球技术水平有着重要的影响。羽毛球技术的握拍法是多种多样的,但是基本的握拍法有两种,即正手握拍法和反手握拍法。

(1)正手握拍法。

正手握拍法在握拍时先用左手拿住拍颈,使拍面与地面垂直,再张开右手(本节全部技术动作均以右手握拍为例),使手的小鱼际肌靠在拍柄底托处,虎口对准拍柄的内侧小棱边,然后小指、无名指和中指并拢握住拍柄,小指和无名指在拍柄的末端应稍紧,不使球拍脱手,食指与中指稍微分开，用食指和拇指轻松地环扣住拍柄。

（2）反手握拍法。

反手握拍法在正手握拍法的基础上，拍柄稍向外转，食指收回，拇指第二指节顶贴在拍柄内侧的宽面上，其余四指并拢握住拍柄，手心与拍柄之间应有一个明显的空洞。

发球作为组织进攻的开始，其质量的好坏直接影响到比赛的主动与被动，甚至赢球与得分。发球可分为正手发球和反手发球两种。若按球在空中飞行的弧线，正手发球又可分为发高远球、平高球、平快球和网前球；反手发球由于受挥拍距离较短的限制，无法发高远球，只能发平高球、平快球和网前球。不管采用哪一种发球方式，均要求发球动作协调一致，有突变性，而且落点及弧度要准确多变，要根据战术需要采用各种发球方式以达到战术目的。

2. 正手发球技术

①发高远球：发球时，左手把球举在身体的右前方并自然放下，使球下落，同时右手持拍由大臂带动小臂，从右后方沿着身体向前并向左上方挥动。当球落到右手臂向前下方伸直能触到球的一刹那，握紧球拍，并利用手腕的力量向前上方发力击球。击球之后，球拍顺势向左上方挥动缓冲。

②发平高球：发球的动作过程大致同发高远球，只是在击球的一刹那，小臂加速带动手腕向前上方挥动，拍面要向前上方倾斜，以向前用力为主。发平高球时要注意发出球的弧线以对方接球时伸拍打不着球的高度为宜，并应发到对方场区底线。

③发平快球：站位比发平高球稍后些（防止对方很快回到本方后场），充分利用前臂带动手腕爆发力向前方用力，球直接从对方的肩稍上高度越过，直攻对方后场。发平快球的关键是出手的动作要小而快，但前期动作应和发高远球一致。发平快球时还应注意不要过手、过腰犯规。

④发网前球：击球时，握拍要放松，大臂动作要小，主要靠小臂带动手腕向前切送，用力要轻。发网前球时应注意手腕不能有上挑动作，另外，落点要在前发球线附近，发出的球要贴网而过，这可免遭对方"扑杀"。

3. 反手发球技术

反手发球技术是在身体的左前方用反拍面击球的一种发球方式。同正手发球技术一样，用反手同样能发出各种不同弧度的球；与正手发球所不同的是，反手发球时动作的力臂距离相对要小，发球时对球的控制力更强，加之反手发球动作更具一致性、隐蔽性和突然性，因此在比赛中，尤其是在双打比赛中被广泛采用。在实战中，发球方根据双打战术的特点和需要，常以反手发后场平高球、后场平射球和网前小球为主。

（1）反手发后场平高球。

站位靠近前发球线，右脚在前，左脚尖侧后点地，重心放在右脚上。左手拇指、中指、食指握住球的羽毛处，置于腹前；右手弯肘稍向上提起，用反手握拍，以反拍面将球拍自然置于腹前持球手的后面，两眼正视前方，呈发球前的准备姿势。击球动作：左手放球的同时，持拍手前臂内旋，带动手腕展腕由后向前作回环半弧形挥动，击球时屈指收腕发力，反拍面向前上方将球击出。击球后以制动动作结束发力，并注意将握拍姿势迅速调整为正手握拍。

（2）反手发后场平射球。

与反手发后场平高球动作相同，击球时，尽可能地提高击球点，利用拇指的顶力，拍面与地面成近90度角并迅速向前推进击球。

（3）反手发网前小球。

准备姿势、引拍动作和击球后的动作均与反手发后场平高球相同。击球时靠手腕和手指控制发球的力量，以斜拍面向前轻轻推送切击球，使球尽可能低地沿网上方飞过并落入对方前发球线内。

4. 接发球

发球与接发球是一对矛盾体，发球方想方设法发出各种不同弧线的球，以此来控制对方；接发球方则后发制人，达到反控制的目的。羽毛球比赛就是在这种控制与反控制的争夺中给人以刺激、乐趣和启示。

（1）单打站位。

单打站位一般在离发球线1.5米处。在右发球区站在靠近中线的位置，在左发球区则站在中间的位置，这样站主要是为了防备对方直接进攻反手部位。一般左脚在前，右脚在后，双膝微屈，收腹含胸，身体重心放在前脚上，后脚脚跟稍抬起。身体半侧向球网，球拍举在身前，两眼注视对方。

（2）双打站位。

由于双打发球区比单打发球区短0.76米，发高远球易被对方扣杀，所以双打发球多以网前球为主。接发球时要站在靠近前发球线的地方。双打接发球准备姿势和单打接发球基本相同。只是身体前倾较大,身体重心可前可后,球拍举得高些,在球飞行到网上最高点时击球,争取主动。但要注意对方在右场区发平快球突袭反手部位。

(3)接发各种来球。

对方发来高远球或平高球时,可用平高球、吊球或杀球还击。一般来说,接发高远球是一次进攻的机会,若还击得好,就掌握了主动。一些初学者常因后场技术没掌握好,还击球的质量较差,以致遭到对方的攻击。

5. 击球法

羽毛球击球技术包括击高球、吊球、杀球、搓球、推球、勾球、扑球、抽球、挑球等。每一种击球技术又可分为正手和反手击球。依据战术球路的需要,又可击出直线球和斜线球。后场击球技术指自后场经过高空飞行打到对方后场端线的球,以空中飞行的弧度分为高球、吊球、杀球等。

(1)高球。

正手击高球:后场正手上手击球技术的基础。击球前,身体先半侧对球网,右脚在后,左脚在前,两脚尖均踮起,身体重心自然落在右脚掌上。右手采用正手握拍法握拍,自然将球拍举到右肩侧上方,左手自然上举,眼睛注视来球。当球下落到接近击球点高度时,右腿开始蹬伸,并以髋关节带动身体由右向左转动,做左腿后撤、右腿前迈的两腿交叉动作。下肢蹬转的同时,胸部舒张,两侧肩关节外展,左手自然上举,持拍臂的前臂向后移动,保持高肘后撤球拍。在腰腹协调用力的配合下,上臂带动前臂利用伸肘关节、前臂旋内和屈腕的力量,向前上方"甩臂"挥拍击球。在球拍与球接触的瞬间,握紧球拍迅速将球击出。

反手击高球:当判断来球是在后场区上空,迅速将身体转向左后方,移动步伐背对球网,并用反手握拍法握拍;最后一步用右脚前交叉跨到左后方,球拍由身前举到左肩附近,以大臂带动前臂转动,击球时前臂由左肩上方往下绕半弧形,最后一刹那时手指紧握球拍,击球点在右肩上方为好,以手腕往右后上方或者根据还击球的需要,掌握好球拍的角度鞭打用力进行击球,击球后,转身,手臂回收至胸前。

头顶击高球:准备姿势及击球动作与正手击高球基本相同,只是击球点偏左肩上方。准备击球时,侧身稍左后仰。击球时,大臂带动小臂使球拍绕过头顶,从左上方向前加速挥动,注意发挥手腕的爆发力及蹬地收腹的力量击球。落地时左腿向左后方摆动幅度大些。

(2) 吊球。

把对方击来的高球，从后场轻击或轻切、轻劈到对方的近网附近，称为吊球。吊球根据其动作方法、球的飞行弧线的不同可分为轻吊、拦吊、劈吊（其中每项都包括正手、头顶、反手等方法）。

正手吊球：击球前动作同正手击高球，击球的一刹那，前臂突然减速，用手腕的闪动向前下方轻轻切击球托的右侧后下部。关键是向前下方用力，使球越网后即下落。击球后，手臂随惯性自然回收到胸前。

反手吊球：击球前的动作同反手击高球，不同点是前臂上摆，拇指内侧顶住拍柄，手腕向后"甩腕闪动"（由屈到后伸外展）轻击球托的后下部位，使球的受力向前下方，球沿直线方向落到对方网前。

头顶吊球：击球准备和前期动作同头顶击高球，头顶吊斜线球时，中指、无名指和小指屈指外拉拍柄，使拍子内旋，拍面前倾，以斜拍面击球托左侧部位；头顶吊直线球时，球拍击球托的正中部位。

(3) 杀球。

正手杀直线球：准备姿势与正手击高球相似，不同之处是右脚起跳后，身体后仰成反弓后收腹用力，靠腰腹带动大臂、大臂带动前臂、前臂带动手腕，形成向下鞭打的用力，球拍正面击球托的后部，无切击，使球沿直线向前下方快速飞行。击球后立即恢复准备姿势。

反手杀直线球：准备姿势与反手击高球相似，不同之处是击球前的挥拍用力要大，身体反弓加上手臂与手腕的延伸、外展的鞭打用力，可向对方的直线或对角线的下方用力，击球瞬间球拍与扣杀球方向的水平夹角小于90度。

头顶杀直线球：准备姿势与头顶击高球相似，不同点是挥拍击球时，要集中全力往直线方向或对角方向下压，球拍面和击球方向水平面的夹角小于90度。

腾空突击杀直线球：击球前，右脚稍前，左脚稍后，身体稍前倾，屈膝，重心落在右脚上，准备起跳。起跳后，身体向右后方腾起，上身右后仰成反弓形，右臂右上抬，肩尽量后拉。击球前臂快速举起，手腕从后伸至前臂旋内，接着屈收压腕鞭打用力高速向前下击球。杀球后，屈膝缓冲，右脚右侧着地，重心在右脚前；左脚在左侧前着地，并迅速还原。

6. 前场击球技术

前场击球技术是羽毛球运动中一项非常重要的技术，熟练合理地运用网前技术，可以使对方由主动变被动，从而控制对方，给自己创造有利的进攻机会。网前技术分为搓球、推球、勾球、扑球等。

（1）搓球。

正手搓球：准备姿势为侧对球网，右腿跨成弓箭步，重心放在右脚，正手握拍，做好防网前球准备。击球前，前臂稍外旋，手腕由后伸至稍内收闪动，击球时在正手防网前球动作的基础上，加快挥拍速度，搓切来球的右下底部，使球旋转翻滚过网。

反手搓球：准备姿势同正手搓球，击球前主要靠前臂的前伸外旋和手腕由内收至外展的合力，搓击球的右侧后底部，使球侧旋滚动过网。另外还可以将前臂稍伸直，手腕由外展到内收，带动球拍向前切送，击球托的后底部，使球下旋滚动过网。

（2）推球。

推球是把对方击来的网前球推击到对方的后场两底角。球飞行的弧线较低平，速度较快。

正手推球：站在右网前，球拍向右侧前上举。在肘关节微屈回收时，前臂稍外旋，手腕稍向后侧摆，球拍也随之往右下后摆，拍面正对来球。这时，小指和无名指稍松开，使拍柄稍离开鱼际肌，拇指和食指向外捻动拍柄，拍面更为后仰推球时，身体稍往前移，右前臂往前伸并带内旋，手腕和手指控制拍面角度，手腕由后伸至伸直并闪腕，食指向前压，小指和无名指突然握紧拍柄，拍子急速地由右经前上至左地挥动来推球，使球沿边线飞向对方后场底角。在挥动过程中，拍子回收。

反手推对角线球：站在左网前，以反手握拍，前臂往前上方伸举，在前臂稍向左胸前收引、肘关节微屈、手腕外展时，变成反手推球的握拍法，球拍松握，反拍面迎球；当前臂前伸并带外旋，手腕由外展到伸直闪腕，中指、无名指和小指突然握紧拍柄，拇指顶压，往右前方挥拍，推击球托的左侧后部，使球沿对角线方向飞行；击球后，手臂回收，恢复击球前的准备姿势。

（3）勾球。

勾球是把在本方右（左）边的网前球击到对方左（右）边网后的技术动作。勾球分正手勾球和反手勾球两种。

正手勾球：用并步加蹬跨步上右网前，球拍随前臂往右前斜上举，前臂前伸时稍有外旋，手腕微后伸，握拍手将拍柄稍向外捻动，使拇指贴在拍柄的宽面上，食指的第二指关节贴在拍柄背面的宽面上，拍柄不触掌心；球拍随着向右侧前挥动，拍面朝着对方右网前，击球时，前臂稍有内旋往左拉收，手腕由稍后伸至内收闪腕，挥拍拨击球托的右侧下部，使球向对方网前掠网坠落。击球后，球拍回收至右肩前。

反手勾球：站在左网前，反手握拍前平举，在身体前移的过程中，球拍随手臂下沉至离网顶20厘米处，变成反拍勾球握拍法，拍面正对来球。当来球过网时，肘部突然下沉，同时前臂稍外旋，手腕由稍屈至后伸闪腕，拇指内侧和中指把拍柄往右侧一拉，其他手指突然握紧拍柄，拨击球托的左侧后部，使球沿对角线飞越过网。击球后，球拍往右侧前部回收。

（4）扑球。

对方发网前球或回击网前球时，在球刚越到网顶时即迅速上网向斜下扑压，称为扑球。扑球有正手扑球和反手扑球两种。

正手扑球：右脚蹬步上网，身体右侧前倾，手举球拍于右肩上方。击球时，利用手腕由后伸到前屈收腕的力量，带动球拍向下扑击球。如果球离网顶较近，靠手腕从右前向左前"滑动"击球。

反手扑球：右脚跨至左前再蹬跳上网，身体右侧前倾，反手握拍举于左前上方。击球时，前臂伸直外旋带动手腕内收至外展，拇指顶压拍柄加速挥拍扑球。若来球靠近网顶，手腕可外展由左向右拉切击球，以免触网。击球后，右脚着地屈膝缓冲，回收球拍于体前。

7. 中场击球技术

中场区是羽毛球比赛中较为重要的场区，因为此场区既可攻又可守，是攻防转换的主要区域。故控制好中场球是创造有效进攻机会的关键手段。

（1）挡网前球。

正手挡直线网前球技术：多用于接对方杀球。接球前用接杀球的步法移至右场边线，身体右倾，手臂右伸，前臂外旋，手腕外展。击球时，前臂内旋稍翻腕带动球拍由右下向前上方推送击球，把球挡向直线网前。击球时前臂由外旋到内收，带动球拍由右向前切送挡直线网前。击球后，身体左转成正面对网，然后右脚上前一步，球拍随身体向左转收至身体前方。

正手挡对角网前球技术：准备姿势同上。挥拍击球时，在肘关节屈收的同时前臂稍内旋，手腕由后伸到内收闪动，击球托的右侧。击球点在右侧前，手腕、手指控制拍面角度，使球向对角线网前坠落。

反手挡直线网前球技术：多用于接杀球。首先用接杀球的步法移至左场区边线，身体左转前倾，右肩对网，右肘弯曲，手腕外展，引拍至左肩前上方。击球时，借对方杀球的冲力，以前臂带动球拍由左上方向左前方用拇指的顶力挥拍轻击球托，把球挡回直线网前。击球后，身体右转成正面对网，球拍随着身体的移动收至身体前方。

反手挡勾对角网前球技术：用反手勾对角接杀球握拍法，击球时，手腕由外展到后伸闪动，挥拍击球托的左侧下部，使球向对角线网前坠落。

（2）挑高球。

挑高球是把对方击来的吊球或网前球挑高回击到对方后场去，这是在比较被动的情况下采取的一种防守性技术。挑高球有正手挑球和反手挑球两种。

正手接杀挑直线后场高球：当杀对方右边线球时，右脚向右侧跨一大步到位。随步伐移动往侧引拍，右臂稍向右后摆的同时稍带有外旋，手腕后伸到最大限度，使球拍迅速后摆，紧跟着右前臂急速向前挥动且略有外旋，手腕从后伸到伸直闪腕，这时，手肘起着"支点"的作用，拍面对准来球，击球托的中下部，使球向直线高远方向飞行。击球后，前臂内旋，球拍往体前上方挥动，球拍回收至体前。

反手接杀挑后场高球：击球前，前臂内旋，手腕外展，引拍至左侧前。击球时，上臂支撑，前臂急速往右前方挥摆，手腕由外展至后伸闪动，握紧球拍，加上拇指的顶力，全速挥拍击球，使球向直线方向飞行。若向对角线方向挥拍，则球向对角线方向飞行。

（3）抽球。

正手平抽球：两脚平行站立稍宽于肩，右脚稍向右侧迈出一小步，同时上体稍往右侧倾，右臂向右侧上摆，球拍随着上举，肘关节保持一定角度，击球前肘关节前摆，前臂稍往后带外旋，手腕稍外展后伸，引拍至体后。击球时前臂内旋，手腕伸直闪动，手指抓紧拍柄，球拍由右后方往右前方高速平扫来球。击球后，球拍顺势盖过去向左边摆，左脚往左前方跟进一步，准备迎击第二次来球。

反手平抽球：右脚前交叉在左侧前，重心在左脚上，右手反手握拍在左侧前。击球前肘部稍上抬，前臂内旋，手腕外展，引拍至左侧。击球时，在髋的右转带动下，前臂外旋，手腕由外展到伸直闪动，挥拍击球托的底部。击球后，球拍随身体的回动收回到右侧前。

（4）快打技术。

正手快打：两脚分开，右脚稍前，左脚在后，两膝成半蹲，正面握拍，举起球拍，球拍上举经过头顶，往头后引至右侧下方，手握拍较松。当判断来球是在头顶上方时，身体稍往前移，同时左脚往前跨一小步，右脚稍微伸直，成左弓箭步，把击球点选在右肩的前上方。上臂向前上方抬起，肘弯曲，前臂稍后摆带有外旋，引拍于头后。击球时前臂向前，手腕由后伸至前屈闪动，挥拍击球托的后部，使球平直、急速地飞向对方中场区的附近。击球后，球拍随势前盖，右脚往左前迈一步，站在中线两侧稍偏后的位置上，球拍由左下回举至前上方，准备迎击下一次来球。

反手快打：两脚平行站在左场区，重心在右脚，举拍于右侧前。当判断来球是在左场区时，右前臂往左摆，身体稍向左转至右肩对网，左脚也往左侧迈一小步，前臂内旋，手腕外展引拍于左侧后。击球时，前臂外旋，手腕伸直闪动，手指突然抓紧拍柄，前盖球托后部，使羽毛球比较平直地向前飞行。击球后，球拍由右下回举至前上方，准备下一次击球。

8. 步法

羽毛球运动员在单打比赛中，要在本方场区约 35 平方米的空间内，来回奔跑并完成各种击球动作，如果没有快速而准确的步法，就会顾此失彼，疲于奔命。我国羽毛球运动员从实战需要出发，根据自身的特点形成了完整的步法训练体系。

羽毛球步法通常运用蹬步、跨步、腾跳步、交叉步、垫步、并步等基本步法，在这些基本步法基础上组成了上网、后退、两侧移动和起跳腾空等综合步法。

①上网步法：如果站位靠前，可用两步交叉步上网；若站位靠后场，则采用三步交叉跨步的移动方法，即右脚向右前方迈一小步，接着左脚前交叉迈过右脚，然后右腿顺着这一方向跨一大步到位。为了加速上网，还可采用垫步上网，即右脚向右前方迈一小步后，左脚快速跟进到右脚跟后，利用左脚掌内侧后蹬，右脚向右前方跨出一大步。

②两侧移动步法：向右侧移动时，两脚开立，右脚跟稍提起，上体稍倒

向左侧，左脚掌内侧用力起蹬，右脚同时向右侧蹬跨一大步到位击球。若距来球较远，则左脚可向右垫一小步再起蹬，右脚同时向右跨一大步到位。向左侧移动时，两脚开立，上体稍倒向右侧用力起蹬，左脚同时向左蹬跨一步到位击球。离球较远时，左脚可先向左移一小步，然后向左转身，右脚向左（前交叉）跨一大步（背向网）到位反手击球。

③后退步法：一般都用侧身后退，以便到位后挥拍击球。如果是右脚稍前的站位，则先完成右脚后蹬髋部右后转一成侧身站位，然后采用三步并步后退或交叉步后退。

六、网球

（一）网球运动概述

网球运动起源于12~13世纪法国传教士在教堂回廊里进行的一种用手掌击球的游戏。起初的网球是用两个半球填充草、树叶或头发等制成的。后来随着网球的不断发展，现代网球运动一般有室内网球和室外网球两种形式。现代网球运动的历史是从1873年开始的，1873年，英国人沃尔特·克洛普顿·温菲尔德改善了早期的网球打法，使网球成为人们夏天在草坪上进行的一项体育活动，并取名"草地网球"（lawn tennis）。

1874年，在百慕大度假的美国女士玛丽·奥特布里奇在观看了英国军官的网球比赛后，对这项体育活动颇感兴趣，于是将网球规则、网球拍和网球带到纽约。在美国，网球运动最初是在东部各学校开展的，不久就传到中部、西部，进而在全美普及。此时，网球运动已经由在草地上举行演变为可以在沙土上、水泥地上、柏油地上举行，于是"网球"（tennis）就慢慢替代了"草地网球"，这是现在网球名称的由来。

1878年，第一届男子双打锦标赛在英格兰举行。1879年，第一届女子单打和混合双打比赛在爱尔兰举行。1884年，温布尔登网球锦标赛增加了女子单打和男子双打项目，1913年又增加了女子双打和混合双打项目。

1881年，世界上出现了第一个全国性的网球协会，即美国全国草地网球协会（"全国"两字于1920年取消）。该协会于当年8月31日至9月3日在罗得岛纽波特港举行了第一届美国草地网球男子单打和男子双打锦标赛，采用了温布尔登网球锦标赛的比赛规则，参加比赛的有26人。

1913 年 3 月 1 日，由澳大利亚等 12 个国家的网球协会代表，在巴黎成立了国际网球联合会（ITF），协调国际网球活动，安排全年比赛日程表，修订网球规则并监督执行。

1919 年，抽签采用"种子"制度。1927 年，英国首创无缝网球，使球速加快。1945 年至 20 世纪 60 年代，网球趋向职业化。1963 年开始举办女子网球团体赛。1968 年温布尔登网球锦标赛首先实行不区分业余选手和职业选手的参赛制度。1972 年，国际男子职业网球协会成立。1973 年，国际女子职业网球协会成立。

1896 年，在雅典举行的第一届现代奥运会上，网球的男子单打与双打被列为正式比赛项目。后来，由于国际奥委会和国际网球联合会在"业余运动员"问题上有分歧，已经连续进行了七届的奥运会网球比赛项目被取消。直到在 1984 年的洛杉矶奥运会上，网球才被列为表演项目。在 1988 年的汉城奥运会上，网球重新被列为正式比赛项目。

网球运动兴起于宫廷之中，当时的计分员用可以拨动的时钟指针来计分，每得一次分就将时钟指针拨动四分之一，也就是 15 分，同理，得分两次就将时钟指针拨至 30 分。这就是 15 分、30 分的由来。40 分，它不是 15 的倍数，这是因为 15 的英文是 fifteen，为双音节单词，30 的英文是 thirty，也是双音节单词；但是 45 的英文是 forty-five，是三音节单词，当时英国人觉得有点拗口，于是就把它改成英文同为双音节单词的 40（forty），这就是看来不合逻辑的 40 分的由来。

（二）网球的基本技术

1. 握拍法

在所有的网球技术中，最基本的就是握拍法，它能直接影响球拍面接触球的角度。目前世界上流行的握拍法有两种：东方式握拍和西方式握拍。不同的握拍法产生了各种不同的击球效应和打法，不同的打法在世界网坛上都获得了较好的成绩。

（1）握拍法的重要性。

握拍的方法与击球动作有着密切的关系。球拍是击球者"手臂的延伸"和"手掌的扩大"，每个击球动作都是由手臂、手腕、手指相互配合用力来完成的，所以握拍的好坏对技术的提高和全面发展有较大的影响。初学者必须按正确的方式握拍，使拍面以正确的部位和角度与球接触。起初可能会有不习惯、不舒服之感，但坚持一段时间后就会领会到正确握拍的好处。

（2）握拍术语。

握拍术语是对握拍手的"虎口"所形成的"V"形而言的。但每个人的手不可能完全相同，单凭"V"形不一定可靠，所以必须从以下三点来进行检查。

①手掌根：小鱼际肌所在的部位。

②食指下关节：食指掌指关节腹面所在部位。

③手指垫：拇指指间关节腹面所在部位。

（3）提拍种类及其方法。

东方式握拍法分为正拍和反拍两种。东方式正拍握拍法：左手先握住拍颈，使拍子与地面垂直，然后手掌也垂直于地面，手握拍柄似与人握手，故也称握手式握拍法。准确地说，右手掌根与拍柄右上斜面贴紧，拇指垫握住拍柄的左垂直面，食指微离中指，食指下关节压住拍柄右垂直面。由此拇指与食指成"V"形，对准拍柄的右上斜面和左上斜面的上端中间。东方式反拍握拍法：从正拍握法把手向左转动（把拍子向右转动），使拇指与食指成"V"形，对准拍柄左上斜面与左垂直面的中间线，用手掌根压住拍柄的左上斜面，拇指贴在左垂直面上，食指下关节压在右上斜面上。

大陆式握拍法：与东方式握拍法不同，大陆式握拍法在进行正、反拍击球时都无须变换握法。握拍时用手掌根贴住拍柄上部的平面，食指与其余三指稍微分开，食指上关节贴在拍柄右上斜面上，拇指垫贴在拍柄的左垂直面上。

西方式握拍法分正拍和反拍握拍法。西方式正拍握拍法：手掌心朝下，手掌的大部分放在拍柄的底部，手掌根贴在拍柄的右下斜面上，拇指压在拍柄的上部手面，食指的下关节握住拍柄的右下斜面，使拇指与食指所成"V"形对准拍柄的右垂直面，手握拍的形状好似"一把抓"。西方式反拍握拍法：在西方式正拍握拍的基础上，把球拍上下颠倒过来，用同一拍面击球或手腕顺时针转，使拇指与食指所成"V"形对准拍柄的左垂直面，食指下关节压住拍柄的上部手面，手掌根贴在拍柄左上斜面。

其他握拍法。混合式握拍法：半西方式握拍法，它的正拍握拍法是介于东方式握拍法和西方式握拍法之间的握拍法，拇指与食指所成"V"形对准右上斜面。它的特点是便于拍击任何来球，目前被不少优秀运动员所采用。

双手反拍握拍法：右手是东方式反拍握拍法，握在球拍拍柄的底部，手掌根与拍柄对齐；左手握在右手的上方，是东方式正拍握拍法。该握拍法的优点在于力量不足的运动员学习起来比较容易，同时这种握拍法易于对来球加上旋和进行发力，击球点可更靠后些，且动作的隐蔽性强，对方不易判断是击斜线球还是击直线球。其缺点在于对步法要求精确。双手正、反拍握拍法：正拍击球时是双手握拍，反拍击球时也是双手握拍，如著名女运动员塞莱斯就是这种握拍法。它的动作要领（以右手持拍为例）：右手为东方式或混合式握拍，左手握在右手上方，当对方击球朝正拍来时，左手下滑，右手迅速与左手换位，形成类似左手握拍反拍击球动作。击完球后，还原至右手在后、左手在前的准备动作。反拍击球时，握拍法与双手反拍击球握拍法相同。该握拍法的优点：正、反拍击球没有明显弱点，都能给对方构成威胁，而且动作隐蔽，便于发力。但该握拍法要求运动员判断准确，反应敏捷，步伐移动快。

2. 发球与接发球

（1）发球。

相对于底线击落地球和凌空截击来球而言，发球是一项比较难掌握的技术。发球时运动员运用的身体部位较多，动作幅度较大，肌肉的协调程度较高。高水平比赛中，球员保住自己的发球局是赢取胜利的关键和基础。

握拍：东方式反手握拍法或大陆式握拍法。许多网球初学者都喜欢用东方式正手握拍法进行发球，如果采用此种握拍法在右区而且用正常动作发球，球出手后十有八九会偏向外角一侧，因为手腕在自然情况下所形成的拍面就是如此的角度。若想使拍面偏向内角则必须向内转动手腕，而经常做此动作不仅相当别扭而且易使手腕受到损伤。所以在可能的情况下最好不要用东方式正手握拍法进行发球。

准备动作：双脚自然分开站立，两脚的连线根据球员的习惯可与底线相垂直，也可以保持另外一个合适的角度；身体自然前倾，最好只持一个球，球自然着落在持球手的拇指、食指及中指三指上，无名指和小指自然屈于球的后部，切忌用力将球握在手里或捏在手里。

抛球：准备动作稳定下来以后，顺势抛球及挥拍击球。

挥拍击球：抛球与挥拍击球是同时进行的。

随挥：球拍击中球时虽然挥拍击球动作已经完成，但整个发球过程仍在继续。到达击球点后球员应顺着身体及挥拍的惯性做收腹、转肩和收拍的动作，最终球拍由大臂带动收向持拍手的异侧体侧，结束发球动作。这一过程被称为随挥，即随球挥动，与底线击球的随挥异曲同工。

（2）接发球。

接发球分正拍接球和反拍接球两种接法，可以打出上旋球、下旋球和平击球等。根据战术的需要，除了用不同的回击力量和落点变化外，还可以直接放小球或挑高球，也可以接发球上网和接发球破网。

准备姿势：接发球的准备姿势只要能以最快的速度还击球就行。当对方发球前，可以膝盖弯曲，两腿叉开；当对方抛球准备击球时，可以重心升起，两脚快速交替跳动，并判断来球情况迎前回击。

站位：接发球站位要根据对方的发球水平和自己的接发球水平及习惯、场地和战术需要来确定，一般应站在对方能发到的内外角的中角线上，接第一发球时站位稍后些，接第二发球时站位略前。

击球动作：根据对方发球好坏、速度快慢而定。动作一般介于底线正、反拍击球动作和截击球动作之间。对发球差的对手，可用自己的底线正、反拍动作来接对方的发球；而对发球好、速度快的对手，可用网前截击球的动作来顶接对方的发球，这样接出的球威胁很大。

接好发球的关键在于快速灵敏的判断与反应、充分的准备。当接击球点在身体前面的发球时，在判明来球的方向后，即向后转动双肩，马上向前迎击来球。接大力平击发球时，靠近身体大多向左侧身用反拍顶击球。用正拍侧身抢攻需要有更快更早的动作。迎上去顶击球时，要紧握球拍，手腕保持固定，使拍面正对来球，身体的向前动作加上发球者的球速将提供所有接发球者所需要的力量。

3. 步法

为了适应比赛的需要，步法训练越来越受到教练员和运动员的重视。没有灵活的步法，就不可能及时抢占有利的击球位置并有效地回击来球。网球运动中有句"俗语"：手法是基础，步法是关键。由此可见步法在网球运动中的重要性，步法不好，再漂亮的手法也将失去意义。

（1）底线型步法。

在来球角度不大的情况下，正、反拍击球大多采用"关闭式"步法，即以前脚脚掌为轴，后脚向前45度跨步，以形成击球步法。

正拍击球时，大多采用"开放式"步法，即两脚平行站位，以右脚掌为轴，转髋转体形成击球步法。

在来球速度较快、角度较大的情况下击球时，正、反拍的击球步法应是向来球方向斜插跑动。以正拍击球为例：左脚随转体向右侧跨出，然后"右—左—右—左"向击球方向移动。正拍大角度击球步法分为"开放式"步法和"关闭式"步法，反拍大角度击球的移动方式与正拍相同，也可采用"开放式"步法和"关闭式"步法击球。

在来球速度较慢，落点位于中场发球线附近时，大多采用跑动迎上的击球步法。

在来球速度较慢，落点在反拍区时，正拍击球突出的运动员大都采用正拍侧身攻，其步法为右脚向左跨，左脚跟进，然后作侧滑步，到击球点时，左脚迅速向左上方跨出，右脚随即向右后方移动。

当对方来球速度快，落点深时，正、反拍击球一般采用先后退再迎上的步法，即先快速向后退，然后再跨出向前击球。

（2）网前进攻型步法。

发球上网、随球上网，以及中场球、近网球、高压球的步法有以下几种。

①发球上网有单脚起跳和双脚起跳两种起步方式：第一种是发球时左脚支撑并向前上方蹬起，右脚随发球跳进场地；第二种是发球时左右脚同时支撑并向前向上蹬起，随发球左脚先蹬跳进场地，冲至中场发球线附近时作一急停以判断来球。

②随球上网的步法：正拍击球可使用"开放式"或"关闭式"步法，反拍击球采用"关闭式"步法，类似中场迎上击球步法。

③网前截击球时，不同的来球对步法的要求非常高。来球角度不大时多采用"关闭式"步法；来球角度比较大时多采用"开放式"步法。

第三节　形体健身运动

一、武术

（一）武术运动概述

武术又称国术或武艺，是中国传统体育项目之一，为中华民族的文化瑰宝。武术具有悠久的历史传统和广泛的群众基础，是我国人民在长期的社会实践中不断积累和丰富起来的一项宝贵的文化遗产。武术的起源可以追溯到原始社会。那时，人类开始用棍棒等原始工具作武器同野兽进行斗争，一是为了自卫，二是为了猎取生活资源。人类通过战斗不仅制造了兵器，而且逐渐积累了具有一定的攻防格斗意义的技能，形成了武术的基本动作和套路。

由于武术简便易行，不受条件的限制，因此深受各种职业、不同年龄群众的喜爱。近年来，武术运动水平不断提高，武术运动开始走向世界，成为世界人民所喜爱的运动。

新中国成立后，武术作为优秀的民族文化遗产得以继承和发展，并将武术列为正式比赛项目。武术运动内容丰富，流派甚多，按其运动形式可分为套路运动和搏斗运动两大类。通过武术运动可以全面发展身体各项素质，它对提高人的速度、耐力、力量和灵活性有着很好的作用，也对培养人的优良品质有着特殊的效果。武术运动中的一些项目，由于它的固有特点和在练习中内外结合、神形兼备的方法，能产生良好的医疗效果，在全民健身运动中，是深受广大人民群众喜爱的项目。武术运动的动作结构有着鲜明的攻防性质，如踢、打、摔、拿、击、刺、挑、扎、架等，而且其攻防规律在搏斗、技击中能起重要作用。因此武术运动在军事、保安训练中有着良好的实践意义。

（二）武术基本功及技术

武术按其运动形式可分为套路运动和搏斗运动。套路运动是武术动作以守攻进退、动静疾徐、刚柔虚实等矛盾运动的变化规律编成的整套练习形式，主要内容包括拳术、器械、对练、集体表演。搏斗运动是两人在一定条件下，按照一定的规则进行斗智角力的对抗练习形式。目前武术竞赛中正在逐步开展的项目有散手、推手、短兵等。

1. 武术基本功

手型和手法练习是运用拳、掌、钩三种手型，结合上肢冲、架、推、亮等运动方法，操练上肢手法的基本练习。

拳：四指并拢卷握，拇指紧扣食指和中指的第二指节，拳握紧，拳面平，直腕。

掌：四指并拢伸直，拇指弯曲紧扣于虎口处。

钩：五指第一指节捏拢在一起，屈腕。

冲拳：预备姿势——两脚左右开立，与肩同宽，两拳抱于腰间，肘尖向后，拳心向上；动作方法——挺胸、收腹、直腰，右拳从腰间向前猛力冲出，要有寸劲（即爆发力），转腰、顺肩，在肘关节过腰后，再前臂内旋；力达拳面，臂要伸直，高与肩平；同时左肘向后牵拉。练习时，左右可交替进行。

架拳：预备姿势与冲拳相同，动作方法——右拳向下、向左、向上经头前向右上方划弧架起，拳眼向下，眼看左方。练习时，左右可交替进行。要求：松肩，肘微屈，前臂内旋。

推掌：预备姿势与冲拳相同，动作方法——右拳变掌，前臂内旋，并以掌根为点向前猛力推击；推击时要转腰、顺肩，臂要伸直，高与肩平；同时左肘向后牵拉。练习时，左右可交替进行。要求：挺胸、收腹、直腰，出掌要快速有力，有寸劲；同时还要做好拧腰、顺肩、沉腕、翘掌等动作。

亮掌：预备姿势与冲拳相同，动作方法——右拳变掌，经体侧向右、向上划弧，至头部右前上方时，抖腕亮掌，臂呈弧形；掌心向前，虎口朝下，眼随右手动作转动，亮掌时，注视左方。要求：抖腕、亮掌与转头要同时完成。练习时，左右手交替进行。

2. 步型和步法

步型和步法练习主要是增进腿部的速度和力量，以提高两腿移动转换的灵活性和稳固性。

弓步：左脚向前一大步，膝与脚尖垂直，右腿挺膝伸直，脚尖内扣（斜向前方），两脚全脚着地，上体正对前方，眼向前平视，两手抱拳于腰间。弓右腿为右弓步，弓左腿为左弓步。要求：前腿弓，后腿绷；挺胸、塌腰、沉髋。

马步：两脚平行开立，脚尖正对前方，屈膝半蹲，膝部不超过脚尖，大腿接近水平，全脚着地，身体重心落于两脚之间，两手抱拳于腰间。要求：挺胸、塌腰、脚跟外蹬。

虚步：两脚前后开立，右脚外展45度，屈膝半蹲，左脚脚跟离地，脚面绷平，脚尖稍内扣，虚点地面，膝微屈，重心落于后腿上，两手叉腰，眼向前平视。左脚在前为左虚步，右脚在前为右虚步。要求：挺胸、塌腰、虚实分明。

仆步：两脚左右开立，右腿屈膝全蹲，大腿和小腿靠紧，臀部接近小腿，右脚全脚着地，脚尖和膝关节外展；左腿挺直平仆，脚尖里扣，全脚着地；两手抱拳于腰间，眼向左方平视。仆左腿为左仆步，仆右腿为右仆步。要求：挺胸、塌腰、沉肩。

歇步：两腿交叉靠拢全蹲，左脚全脚着地，脚尖外展，右脚前脚掌着地，膝部贴近左腿外侧，臀部坐于右腿接近脚跟处，两手抱拳于腰间，眼向左前方平视。左脚在前为左歇步，右脚在前为右歇步。要求：挺胸、塌腰、两腿靠拢并贴紧。

坐盘：两腿交叉，右腿屈膝，大小腿均着地，脚跟接近臀部，左腿在身前横跨于右腿上方，左大腿贴近胸部，两手抱拳于腰间，眼向左前方平视。左腿在前为左坐盘，右腿在前为右坐盘。要求：挺胸、塌腰、两腿靠拢并贴紧。

丁步：并步站立，两腿屈膝半蹲，右脚全脚着地，左脚脚跟掀起，脚尖里扣并虚点地面，脚面绷直，贴于右脚脚弓处，重心落于右腿上，两手叉腰，眼向前平视。左脚尖点地为左丁步，右脚尖点地为右丁步。要求：挺胸、塌腰、虚实分明。

击步：预备姿势——两脚前后开立，同肩宽，两手叉腰；动作方法：上体前倾，后脚离地提起，前脚随即蹬地前纵；在空中时，后脚向前碰击前脚；落地时，后脚先落，前脚后落，眼向前平视。要求：跳起空中时，要保持上体正直并侧对前方。

垫步：预备姿势与击步相同；动作方法：后脚离地提起，脚掌向前脚处落步，前脚立即以脚掌蹬地向前上跳起，将位置让于后脚，然后屈膝提腿向前落步，眼向前平视。要求：跳起空中时，要保持上体正直并侧对前方。

弧形步：预备姿势与击步相同；动作方法：两腿略屈，两脚迅速连续向侧前方行步；每步大小略比肩宽，走弧形路线，眼向前平视。要求：挺胸、塌腰，保持半蹲姿势，身体重心要平稳，不要有起伏现象；落地进，由脚跟迅速过渡到全脚掌，并注意转腰。

3. 弓步与马步组合

动作：弓步推掌、拗弓步冲拳、马步冲拳、并步抱拳。预备姿势：并步抱拳。

①弓步推掌：左脚向左迈出成左弓步；同时左拳变掌由腰间向前推出成立掌，手指向上，眼看左手。

②拗弓步冲拳：弓步不动，右拳由腰间向前冲出成平掌，同时左掌收回

腰间抱拳，两眼平视。

③马步冲拳：上体向右转体 90 度成马步，右拳收至腰间；同时左拳由腰间向左冲出成平拳，两眼向左平视。

④并步抱拳：左脚收回靠拢，同时左拳收回腰间成并步抱拳。

4. 五种步型的组合（五步拳）

动作：拗弓步冲拳、弹踢冲拳、马步架打、歇步盖冲拳提膝仆步穿掌、虚步挑掌。预备姿势：并步抱拳，头向左转，眼看左前方。

①拗弓步冲拳：左脚向左迈出一步成弓步，同时左手向左平搂并收回腰间抱拳，右拳向前冲拳成平拳，目视前方。

②弹踢冲拳：重心前移，右腿向前弹踢，同时左拳由腰间向前冲拳成平拳，右拳收回在腰间，眼视前方。

③马步架打：右脚落地身体向左转 90 度，两腿下蹲成马步；同时左拳变掌屈膝上架，右拳由腰间向右冲拳成平拳；头部右转，目视右前方。

④歇步盖冲拳：左脚向右脚后插一步，同时右拳变掌经头上向左下盖，掌外沿向前，身体左转 90 度，左掌收回腰间抱拳，目视右手；两腿屈膝下蹲成歇步，同时左掌向前冲出成平拳，右掌变拳收回腰间。

⑤提膝仆步穿掌：两腿起立身体左转，随即左拳变掌手心向下，右拳变掌手心向上，右掌从左手手背上穿出，同时左腿提膝，左手顺势收至右腋下，目视右手；左脚落地成左仆步，右掌方位不变，左手掌指朝前沿左腿内侧穿出，目视左掌。

⑥虚步挑掌：左腿屈膝前弓，右脚向前上方蹬地成右虚步，同时左手向上、向后划弧成正钩手略高于肩，右手从后向上、向前顺右腿外侧向上挑掌，右掌指向上高于肩，目视前方。收势：两脚靠拢，并步抱拳。继续练习，动作相同，方向相反。

二、太极拳基本知识

（一）太极拳的起源和发展

太极拳的起源历来说法不一，其中不乏带有神秘色彩的传说。

一种说法是太极拳起源于宋代武当山道士张三丰，他在皇帝召见途中受强盗拦阻，夜梦武当山神授以拳法，杀退百余贼人，创编了太极拳。另一种说法认为张三丰为元末明初人，在武当山修道炼丹过程中，观察蛇雀之争，探索龟鹤长寿之秘，由此创编了太极拳。武当山是中国道教名山，张三丰为辽东人，在武当山修道，甘肃、云南等地也有他的足迹和传说。然而，据现有史料查不出他与太极拳的关系，因此张三丰创拳之说尽管流传广泛，但史料不足，成为武术史界的一桩"悬案"。

还有人认为太极拳传于唐代许宣平或明初陈卜。此说虽有宋氏手抄拳谱与陈氏家谱记载，然而找不到其他佐证，也难以确定。

根据史学家考证，明末清初太极拳已经在河南农村流传开展，尤以温县陈家沟和赵堡镇为中心，代表人物是陈王廷和蒋发。武术史家唐豪先生根据陈氏家谱、拳谱及陈王廷遗诗考证，判断陈王廷就是太极拳的创造者。而赵堡镇太极拳资料叙述，蒋发22岁赴山西省学习太极拳，7年后回乡授徒传艺，使太极拳在河南发扬光大。

长期以来，太极拳的开展局限于河南农村。19世纪初，河北永年人杨露禅拜陈家沟陈长兴为师，学习了太极拳，带回原籍，不久又到北京推广，从此开辟了太极拳走向全国的新局面。

近一百多年来，太极拳得到了空前的发展，技术不断演变，内容不断丰富，逐渐形成很多流派。

杨式太极拳：为杨露禅首创，经祖孙三代至杨澄甫定型。拳势中正舒展，动作均匀柔和，架势幅度大，走弧形。目前流传最为普遍。

陈式太极拳：源自明末清初河南省温县陈家沟人陈玉廷，为各派中传播历史最悠久的太极拳。保留有古老的发力、跳跃、震脚动作，运动量较大，速度快慢相间，动作多为螺旋缠绕，有刚有柔。

吴式太极拳：为杨式太极拳传人吴全佑及其子吴鉴泉创编。其特点是细腻柔和，斜中寓正，动作弧形，幅度适中。

武式太极拳：为武禹襄在赵堡镇太极拳的基础上发展创编。该拳简洁紧凑，立身中正朴实隽秀，如干枝老梅，动作柔缓，幅度较小。

孙式太极拳：为形意拳、八卦拳名师孙禄堂在武式太极拳基础上创编。动作小巧，步法灵活，进退相随，动作之间常以开合手连接，又称活步开合太极拳。

中华人民共和国成立后，太极拳作为武术重点项目，得到了更好的普及。全国城乡到处有太极拳的爱好者和辅导站，出版的书籍、挂图、音像制品等种类繁多，有关科研及理论探讨不断深入。太极拳不仅列入了国家正式体育竞赛项目，每年都有全国和地区的太极拳竞赛活动，而且广泛流传至九大洲，吸引了大批外国朋友，仅日本就有上百万人参加太极拳锻炼。

为了适应形势需要，国家体育主管部门和中国武术协会对太极拳作了系统的整理研究，编写了一系列教材，不仅丰富了太极拳的内容，而且使太极拳在发扬传统的基础上，走上了规范化、系统化的现代体育道路，为太极拳的普及和竞赛活动创造了方便条件。

（二）太极拳的运动形式和特点

1. 太极拳的运动形式

太极拳的运动形式包括套路、功法、推手三种形式。

套路由很多动作按固定的程序组成，包括起势和收势在内的系列连贯动作，又称拳套或架子。各式太极拳套路很多，有徒手套路、器械套路、单练套路、对练套路等。不同套路的练法和风格也有很大差异。练法上有缠绕螺旋、快慢相间、刚柔并济的架子（如陈式太极拳），也有动作弧形、柔和均匀的架子（如杨式太极拳、吴式太极拳），还有不同练法兼而有之的综合架子（如四十二式太极拳竞赛套路）。

功法指各种基本功和基本动作的操练，如太极桩功、太极养生功十三势等。

推手是双人对抗性的操练或竞技比赛，以提高攻防技巧、对抗能力和反应能力为目的，包括单推手、双推手、定步推手、活步推手、大捋推手、散推手等多种方式。

2. 太极拳的运动特点

太极拳与其他武术项目相比，其独特之处在于它是一项心静体松、柔缓自然、连绵不断、动静结合、着重自我控制和意气诱导的武术项目。如果把长拳比作刚健明快的"奏鸣曲"，那么太极拳则是柔缓抒情的"小夜曲"，它柔和平稳、细腻委婉，将感情的抒发、气息的流畅和形体的自然圆活融为一体。尽管太极拳存在各种流派，在力度、速度及表现的程度上各有差异，但在基本特点上各式太极拳是一致的。太极拳的运动特点如下。

（1）心静意导，呼吸自然。

各式太极拳皆要求思想集中，心理安静，用意念引导动作。如同书法、绘画要求意在笔先、胸有成竹一样，打太极拳也要先在心，后在身，以意导体，形意合一。打拳时呼吸要自然平稳，并与动作相配合。

（2）中正安舒，松柔连贯。

太极拳要求立身中正安稳，姿势松展圆满，身体肌肉、关节不可紧张僵硬。动作如行云流水，悠缓流畅，连绵不断。

（3）动作圆活，周身协调。

太极拳动作大多走弧形或螺旋形，转折圆润和顺，衔接自然。头、眼、手、脚、躯干要互相配合，整个身体要组成一个和谐的整体。不可顾此失彼，上下脱节，各行其是。

（4）轻灵沉着，刚柔相济。

太极拳动作"迈步如猫行，运动似抽丝"，柔而不软，刚而不硬，富于韧性、弹性。即使发力动作，也要做到刚中有柔，充满弹性。太极拳古典拳论说："刚柔相济，方为懂劲。"也有人形容太极拳动作如棉中裹铁，在轻灵柔缓中，表现出从容镇定、一触即发之势。

（三）太极拳的健身作用

"详推用意终何在？延年益寿不老春。"大量的事实和科学实验充分证明，太极拳是一项对身心十分有益的体育活动，也体现了中华养生文化，"动以养身，静以养心"，是一项动静结合的健身运动。

1. 对神经系统的影响

打拳时思想高度平静，以意导体，使大脑皮质进入保护性抑制状态。打太极拳对处于高度紧张，尤其是脑力劳动的人们来说是一种积极的休息方式，对当代社会的大脑过度紧张、肢体缺少运动等文明病是有力的治疗。实验表明，人脑消耗的能量占人体能量消耗的 12.5%～16.7%。神经紧张不仅耗能大，而且会造成交感神经和副大脑神经的紧张疲劳。由于打拳"用意"，大脑不断发出良性信号，会使人体气血及能量汇聚于意守部位，使人体新陈代谢旺盛，血流量增加 30% 左右，医学界称为"精神反馈"作用。太极拳通过"以意导体""意念贯注"，使气血畅流全身。

2. 对心血管的影响

太极拳柔和协调的动作，会促使血管弹性增强，血管神经稳定性增强，更能适应外界刺激。太极拳与剧烈运动不同，运动以后舒张压会下降，长期坚持锻炼，有利于防止高血压和血管硬化。人们从动作实验也得到证明：经常处于剧烈运动状态的人高血压的发病率较高，而柔和适度的运动则会促使血压稳定。有关调查统计资料证明：经常打太极拳的老人较一般老人不仅血压正常，心脏收缩有力，而且动脉硬化率较低。

3. 对呼吸系统的影响

太极拳常常伴随深长的腹式呼吸，做到"气沉丹田"，这样就加强了膈肌的运动。我们知道，膈肌每下降1cm可增加通气量300mL。膈肌的运动不仅促进呼吸的深长，还增加了内脏的蠕动，促进腹腔的血液循环和肠胃消化能力。

4. 对骨骼、肌肉的影响

太极拳要求立身端正，步法稳健，关节伸屈灵活，使人保持良好的体型，锻炼有力的下肢，调整灵活、柔韧、协调的步伐，这对人们保持青春、防止衰老会发挥良好的作用。

三、啦啦操

啦啦操运动是起源于美国的一项现代体育运动，它集时尚、个性、激情于一身，动作刚柔相济，音乐动感强劲，服饰多彩艳丽，道具、口号千变万化，融合了徒手体操、舞蹈、艺术体操、技巧等运动元素；配上节奏感极强的音乐，能表现出青少年朝气蓬勃的面貌和团结一致的集体精神；加之运动员活力四射的火热表演，无不体现出团队风貌和进取力量。目前啦啦操运动已成为我国高校大学生极为青睐的新兴时尚运动。

（一）啦啦操的动作内容

啦啦操运动按动作技术分为舞蹈啦啦操和技巧啦啦操，舞蹈啦啦操是主要以舞蹈动作，结合道具展示各种舞蹈元素为基本内容的团队竞赛项目，技巧啦啦操是以翻腾、托举、抛接、金字塔组合舞蹈动作、过渡连接及口号等形式为基本内容的团队竞赛项目。啦啦操与健美操等不同，它融入了很多技能、技巧，动作技术以重心平稳、低姿态为主，其肌肉运动方式是瞬间制动，在此基础上随意变化舞蹈动作，动作有较强的张力，加之明快的多元素音乐、不同节奏与风格的混合，传递信息量多，快慢变化大，同时还融入不同项目风格的动作，例如舞蹈、搏击、球类运动等，并与中国传统武术巧妙结合，演绎别样风采。更值得一提的是，啦啦操近几年来在我国迅速成长，加入多元化的中国风格，从而演绎出具有中国特色的啦啦操。

（二）啦啦操的特点

1. 结合音乐元素

啦啦操与健美操、体育舞蹈、艺术体操等项目一样，是在音乐的伴奏下完成身体动作的，通过动感的音乐配合，展现青春活力，达到鼓舞人心、激扬斗志的目的。

2. 仅从形式展示

无论从啦啦操的历史沿革还是现今各学者对啦啦操概念的界定，啦啦操运动无不体现出追求团队精神和集体荣誉感的特征，表演和比赛是通过团队或集体形式来展示动作风格特点，表现其中心主题的，所以啦啦操的特点之一就是体现团队精神与互动。

3. 集竞技性、表演性、观赏性于一体

啦啦操运动是体育与艺术相结合的项目，竞技性、表演性、观赏性是啦啦操运动得以发展的前提和基础，特别是它的竞技性目前在我国的各级比赛中已经得到充分体现。

（三）我国啦啦操的发展现状

啦啦操运动自传入我国以来，由于其表现出来的强烈的运动美、感染力、自信力和团队精神，很快受到广大青少年的喜爱。我国开展啦啦操运动是在2003年，啦啦操的动作内容被定义为以徒手的舞蹈动作及采用彩丝、花球等道具的操化舞蹈动作的表演形式，人数是9~12人，性别不限。2004年以后，啦啦操逐渐加入有节奏的口号、多元素的音乐节奏以及多元化的编排，使啦啦操的发展有了新的飞跃，集中体现了啦啦队的团队力量及团队的凝聚力，风格多样但紧扣主题。2008年1月在北京举行了由第29届奥运组委会和国家体育总局体操运动管理中心主办的奥运会啦啦操选拔赛，以及在江苏省江阴市举办了"徐霞客杯"2008年全国首届技巧啦啦操比赛，更多的赛事在我国许多高校中经常开展，如广西大学、西南交通大学等。一些体育院校也特意开设了啦啦操课程，大力发展啦啦操，如上海体育学院和北京体育大学。目前，舞蹈啦啦操是我国啦啦操运动的主流，而技巧啦啦操由于规模和经验都还比较欠缺，而且对套路中的舞蹈动作也有所偏颇，故发展较舞蹈啦啦操相对落后。我国啦啦操的表演目前主要出现在 CBA 和 CUBA 的篮球联赛上，现已成为篮球赛场上不可或缺的一部分，而且近年来啦啦操表演也开始出现在其他比赛活动中，甚至融入社会的其他领域，为大型的活动、学校运动会的开闭幕式及节日庆典等表演助兴。由于啦啦操运动具有表现力强烈、能积极调动人们的情绪、加强活动场面气氛的特性，现代啦啦操在我国快速发展。

（四）啦啦操的练习

啦啦操运动深受广大青少年的喜爱，是一项有利于青少年身心健康发展的运动，不仅能培养学生超越自我的能力，而且可以锻炼学生的团队精神。学校是啦啦操运动的主要开展场所，啦啦操本身的要求与高校的特点是一致的，就啦啦操的特点来说，热情的运动、激烈的节奏感、用于调动观众的情绪，本身就要求表演者充满激情和活力，而且啦啦操讲究集体风貌和团队精神，这些对于组织纪律性强、拥有青春活力的学生的校园来说，具有得天独厚的条件。2001 年我国举行首届全国性的学生啦啦操比赛，共有 20 多个学校参赛，啦啦操运动在全国各高校迅速得到推广。近几年啦啦操大赛在广东、广西和沿海地区发展迅速，广州、上海等城市的啦啦操运动走在全国的前列，有些高校还将啦啦操引入体育课教学内容。

教练员可根据本校不同的人才储备情况来选拔啦啦操运动队队员，在选拔中要求队员有全面的身体素质和心理素质，有高度的责任心和纪律性，对啦啦操项目强烈的热爱及不怕吃苦、敢于拼搏的精神。基本身体素质训练主要包括力量、速度、柔韧、耐力和灵敏五大素质的训练，它们是任何运动项目的基础，基本动作姿态训练主要包括形体训练、啦啦操基本动作训练、健美操基本动作训练和各种风格类型的舞蹈训练。

舞蹈啦啦操的基本动作教学可从两个部分来进行，即舞蹈基本功和风格舞蹈练习。舞蹈基本功主要是身体姿态的练习，即训练正确的立、坐、卧和走、跑及头、面部的姿态和表现。基本姿势正确与否，直接影响各种运动行为的美感，例如，上、下肢的基本姿态，手臂和躯干的波浪，髋、腰部的摆动练习等，在教学时结合音乐可将舞蹈基本动作组合成小套路进行。在下肢基本姿态的教学中，运用把杆压腿、踢腿和进行躯干、肩部的柔韧性练习，为风格舞蹈的学习打好基础。

风格舞蹈主要是各舞种的学习,可选择时尚、简单的舞蹈来教学,例如,街舞、拉丁舞和爵士舞,要以基本步伐为主,配合典型的舞蹈动作特征,还要结合编排的小套路进行练习,加之欢快、活泼的音乐渲染,相信学生既喜欢又能接受,但在选择舞种时要注意男、女生的区别,因为当前普通高校的健美操选项课中女生班较多,啦啦操也不例外,可有所侧重,但也必须要考虑到男生在队内的比重,做到有备无患,才能运用自如。

(五)啦啦操的音乐和动作编排

音乐是啦啦操的灵魂,它如一根线贯穿于整个啦啦操。我们可选择不同风格的音乐,去聆听和感受,体会音乐所反映的主题或所感受到的音乐主题,可用部分动作示范表现音乐,更亲近地感触啦啦操的魅力。

创编啦啦操动作主要具有以下几个特点:动作变化快、有力度;膝关节处于相对屈的状态,身体每一部分的动作分开完成;重心变化多,并保持相对平稳;根据音乐编排不同特色的动作。最后,到达竞技阶段时,就是巩固和自动化阶段,要求在完成一套啦啦操时要做到同步性、熟练性、完整性。

当训练达到熟练阶段,初步具备了同步性、熟练性、完整性、稳定性和表现力,此时就要求动作协调一致、整齐划一,各个动作熟练且完整。在做出各种托举、抛接、金字塔等难度动作时,要做到技术熟练、造型稳定、成功率高,队员相互配合默契,同时在完成舞蹈动作时还要尽可能地展现出啦啦操热情奔放的特点,将一套啦啦操动作完美呈现,使观赏者赏心悦目。

四、瑜伽

瑜伽发展至今已有 5000 多年的历史,它原本是印度的苦行僧修行的方式,但是发展至今已经成为一种流行的大众健身方式,瑜伽的流行也是由其自身的特点和社会的需求形成的,因为在竞争激烈和发达的现代社会中人们面对更多各方面的压力,经常感到焦虑、易怒、身心疲惫而无法缓解,又由于高新技术的运用,生产劳动的时间和体力消耗减少,导致人某些器官系统的功能减退,长期单一动作的重复让人的身体处于一种亚健康状态,所有这一切让人们会有一种强烈的回归自然、回归宁静的想法,需要一种方法能彻底地放松自己高压下绷紧的神经。瑜伽锻炼作为一项古老的运动项目,以其独特的魅力在众多的体育项目中脱颖而出,受到越来越多人的喜爱,瑜伽锻炼集伸展、呼吸、冥想为一体，使人达到心神合一的境界。经常练习瑜伽可以调节人体各种腺体激素的平衡，舒缓体内神经，改善睡眠，消除疲劳，使人保持一种祥和、平静、年轻向上的心态；经常练习瑜伽还能活化脊椎，改善脊柱变形，纠正轻微的椎间盘错位（如驼背、探颈等不良体态），同时强化各大肌肉群的力量，从而达到健身美体的作用。瑜伽不仅是一种身体艺术，而且是一种生活的哲学，它集医学、科学、哲学之大成，不仅是知性的、感性的，而且还要理性地去实践它。第一次练习瑜伽的时候，会听到教练反复地强调放松或是尽自己最大的限度去做，瑜伽是一种完全放松的运动，它不强迫你的意志，做的每一个动作要在自己完全觉得舒服的状态下结合呼吸去完成。

从健身意义上讲，瑜伽是一门科学，是一门亲证学问，它使躯体、心灵和灵魂得到和谐的发展，是人们在体质、精神、道德和心灵方面修行锻炼的保健方法，任何人都可以去尝试通过瑜伽在身体素质、道德修养和精神方面得到良好的锻炼。瑜伽强调和谐、博爱，强调生命，强调人从一切不健康的精神状态中解放出来。一直以来，瑜伽的定义都沿袭古代先人对瑜伽的解释，但是晦涩抽象的定义对许多现代人来讲有些难以理解，因此，笔者根据前人的诸多释义将瑜伽健身定义通俗地归纳为：瑜伽是人们通过体式和意识对身心进行有效控制，来达到人与自然平衡的运动。

（一）促进身体健康

1. 瑜伽运动对消化系统的影响

消化器官有着天然的自动运动的特征，会自动、轻微地按摩，保持消化器官的健康。只有腹部肌肉足够结实又有弹性才能最有效地进行自动按摩，瑜伽体式不仅能够保持对消化器官的有效的自动按摩，而且能对腹部肌肉进行特殊、强迫、有力的内部按摩，取得的成效是任何练习无法企及的。最基础的体式练习中：眼镜蛇式、蝗虫式、弓式能够有力伸张腹部前部肌肉，同时收缩后部肌肉；契合式、背部伸展式要求前部肌肉有力收缩，同时伸张后部肌肉。

2. 瑜伽运动对循环系统的影响

人体血液循环把营养输送到各组织，血液循环最重要的器官就是心脏，心脏的收缩与放松完成血液全身循环。心脏由最强壮的肌肉构成，合理的瑜伽锻炼会让心脏变得更健康，提高肌肉健康水平的方法之一就是实现增压减压的交替转换，吸腹功、腹部旋转功可使心脏交替处于减压的状态，有机会练就更有力的肌肉，增加血液循环的有效性。

3. 瑜伽运动对呼吸系统的影响

营养的第五大元素是氧气，如前文所述，瑜伽可以保持循环系统的正常运行，一旦血液摄入足量氧气，组织氧气供给就会毫不费力。呼吸系统要获得足够量的氧气，必须满足三个条件，即健康的肺、强健的呼吸道肌肉和呼吸道顺畅。

4. 瑜伽运动对神经系统的影响

人体所有组织健康的必要条件就是神经连接功能良好，神经系统最重要的是大脑，其次是脊髓和交感神经髓。瑜伽体式当中的头倒立式、倒转式向大脑输送更加丰富的血液，保证大脑健康及控制感官的头盖神经健康，所以瑜伽体式是较好的脊椎锻炼方法。

（二）增进心理健康

1. 排除干扰，提升本我

长期进行瑜伽冥想练习，可以避免不良环境因素对心理的负面作用，从而在不断提升本我的过程中，增进心理健康。

2. 减少浮躁，感悟自我

练习瑜伽可以使人保持平常的心态，剔除世俗的不良干扰，使人把那些不应追求的身外之物抛弃，并以一个平常的心态对待自然的身体和思想的身体。

3. 提高韧性，超越本我

练习瑜伽增进心理健康的过程，实质是用心感悟自我、超越本我、进入超我境界的过程。

4. 内心净化，超越自我

接受瑜伽教育，首先要抵制人的愤怒、贪欲、狂乱、迷恋、恶意、嫉妒这六种恶习，否则练习者无法进入状态，练习瑜伽有助于抵御外环境的各种利益诱惑以及多种不良因素刺激的负面作用。

（三）瑜伽学习的主要内容

在古印度，瑜伽种类很多，有知识瑜伽、坐禅瑜伽、收获瑜伽、平等瑜伽、大全瑜伽等,其中具有代表性的有以下四种:第一种为咒语或秘诀瑜伽,教导人们如何集中精神祈祷上帝,最终忘掉自我;第二种为坐禅瑜伽,通过打坐控制呼吸和思想;第三种为身体瑜伽,主要是一种训练身心的体系,强调修炼瑜伽时要与呼吸和冥想相配合;第四种为呼吸瑜伽,要求有节奏地控制呼吸,并在感觉中获得平和与安宁,如同在莲花上打坐。瑜伽学习的主要内容由呼吸、体式、冥想、放松和评价五个部分组成,并且在这五部分内容中潜移默化地融入瑜伽有关热爱自然、关爱生命、心胸豁达、与人为善等育人的理念,也就是说在学生练习前后及评价过程中,融会贯通人文教育的思想,从而感悟到身体锻炼以外的精神境界,进而将"凡人和圣人连通",即追求神圣与崇高的终极关怀,这十分有助于瑜伽练习者将爱身体与爱灵魂统一起来。

(四)瑜伽的学习方法

瑜伽的学习一般可分为三大阶段:第一阶段,学习基本姿势;第二阶段,学习呼吸法;第三阶段,瑜伽姿势与呼吸的正确配合。

第一阶段,基本姿势可分2~4单元学习:身体素质练习(柔韧力量)、学习掌握各个动作、学习掌握各个动作的连接技巧、学习掌握基本姿势的重难点。例如,拜日式中蛇击式的重难点是抬头、翘臀、胸贴地向前、肘关节夹紧撑起重复练习;第二阶段,瑜伽呼吸法可分1~3单元学习,即瑜伽的呼吸法(胸式、腹式、自然)及其对人体的作用、采取适合体位体验呼吸法;第三阶段,姿势与呼吸的正确配合可分2~4单元学习,即结合简单动作学习掌握"收手为吸出手为呼,上提为吸下降为呼,开为吸合为呼"的呼吸原则、学习各个姿势分解时的呼吸,从而完成瑜伽完整的练习。在学习过程中人的自觉性、领悟性是会受外界影响波动的,很多人因学习困难而退出、因失去学习兴趣而退出,因而在瑜伽的学习中持之以恒的精神尤为重要。

五、街舞

街舞兴起于20世纪80年代的美国,是美国黑人嘻哈文化的重要组成部分,由于这种舞蹈出现在街头,不拘泥于场地、器材,在街角、广场都可以进行练习或比赛,所以称为街舞。hip-hop是各种街舞的总称,它包括机械舞、锁舞、霹雳舞、电流、爵士等多种风格。街舞中节奏或舒缓或强烈的流行音乐、富有时代感的时尚动作及自娱自乐的心情宣泄，以及其本身所焕发出来的活力和感染力，都迎合了当代青年的精神需求，吸引无数青年学生加入锻炼的行列。

街舞运动中存在着各种各样的时尚元素：其一，音乐的时尚性，与现代流行音乐相结合是街舞发展的特色，并且不同风格的街舞音乐会给不同的人以不同的灵感，音乐本身具有流行性、时尚性，舞者往往运用音乐去表现人物的思想情感和特征、渲染和烘托环境、展示个性、抒发情感，给人们以良好的心理体验和艺术熏陶；其二，动作组合的时尚性，街舞动作的时尚性是相对传统的体操、武术、田径、篮球而言的，是反传统的，它的动作是随意、松弛的，很少有对称的动作，并时常有小关节的运动，而且变化无常，再加上诸多创新且幽默的动作，增强了趣味性；其三，服饰的时尚性，街舞的服饰包括服装、鞋袜、头饰及发带、腕带等其他配饰，是 hip-hop 文化中最容易被大众所关注的地方，许多消费者往往是通过对时尚的街舞服饰的喜爱而加入街舞健身行列里来的。

（一）校园街舞现状

街舞在全国大学中有着广泛的影响，许多高校开设了街舞健身娱乐部和街舞培训班，也有一部分高校将街舞列入体育选修和选项课程。从 2003 年开始，"动感地带"中国街舞挑战赛全面展开，共有 200 多所高校 142 个大学生街舞组合参加了比赛。2004 年全国街舞电视大赛在总体结构上承袭了第一届比赛的模式，仍采取 10 个分赛区预赛、集中进行全国总决赛的比赛方式，此次大赛的街舞水平显示出了较大幅度的提高，各个代表队之间竞争也更加激烈，同时代表队的编排思路也体现出了自己的想法，体现了我国街舞水平正在逐步提高，这是高校体育在全国的比赛，这充分表明了街舞在高校发展的美好势头和空间。街舞运动在我国高校开展所具有的强大生命力，说明其发展潜力是巨大的，同时也说明了高校是街舞运动的载体。通过对部分高校老师和学生的访谈得知，大多数大学生对街舞这项运动有一定了解，但对街舞的认识不足，由于街舞这项运动对力量、协调性等方面要求较高，尤其是在原汁原味的街舞中会出现一些难度很高的技巧动作，这对在大学生中推广街舞运动形成了一定的不利影响，但随着健美操类型的拓展，街舞以生动、技巧、乐感、协调形成其特有的活力气氛，自由的风格和脚步动作的迅速多变形成了街舞的独特魅力。为了了解街舞在校园里受欢迎程度，笔者在校园内随机抽查了 100 名学生做了一次问卷调查，调查结果发现，喜欢时尚街舞的有 62 人，喜欢现代舞的有 11 人，喜欢民族民间舞的有 18 人，喜欢原生态舞蹈的有 3 人，喜欢其他舞种的有 6 人，在问及"如果开设专门的成人舞蹈课，你是否愿意接触和学习"时，100 人中有 33 人表示十分想学，有 45 人表示如果条件允许愿意去学，有 13 人表示可以去尝试一下，有 9 人表示没兴趣。调查结果表明，喜欢街舞的学生大大多于喜欢其他舞种的学生，由此可见，街舞在大学校园里面是非常受欢迎的。

（二）街舞的练习

街舞由头、颈、肩、上肢、躯干等身体部位的屈伸、转动、绕环、摆振、波浪形扭动等动作连贯组合而成的，各个动作都有其特定的 pop 感觉，既注意了上肢与下肢、腹部与背部、头部与躯干动作的协调，又注意了各环节各部分的独立运动，但是规定动作中头部和脚部的 pop 感觉的教学，尤其要注意方法。

1. 头部的 pop 练习

头部的 pop 练习是头部往 45°的方向用力向下点来达到的一种效果。在头部的 pop 练习中，应在生活中有所启发：经常在路上碰见熟人的时候都会叫一声"喂"，当你在叫别人"喂"的时候，头部稍微向上点了一下，那一"点"其实就是 pop 了，只是要用力而且要短时间内完成而已。先保持原来轻松的表情，突然叫别人一声"喂"，这样反复练习就会学会头部的 pop。但是下颚别用力，在后脑勺用力，这样很快就能体会到要点了。

2. 脚部的 pop 练习

脚步的 pop 其实也就是胯下的 pop，很多人都把它想得很复杂，其实胯下的练习比手部练习更加容易，要注意的是利用膝盖。练习时可使用如下的方法。

①先站起来，然后膝盖向前稍微弯曲，有点像要坐下的感觉；

②慢慢从这个动作站起来，慢慢地把脚打直，但别用力；

③脚快要站直的时候，突然用力快速把脚打直。这样反复练习就会学会胯下的 pop，但屁股别用力或屁股往里收。

3. 整套规定动作的练习

在学习整套规定动作之前，可以先观看视频，从而对街舞有初步的认识，为以后的学习奠定基础。在学习中，要认真听讲，认真思考，认真模仿老师的动作，然后规范每个动作，反复练习直到熟练掌握。对于套路的记忆可采取分段记忆法，即把套路分成几个部分，对几个部分的动作逐一掌握后再连起来，这样记动作的效率比较高。

（三）练习街舞的一般程序

街舞的特色是爆发力强，在舞动时，肢体所做的动作亦较其他舞蹈夸张，最吸引人之处是以全身的活力带来热情澎湃的感觉。街舞的练习还有一些小窍门。

1. 学习时要有一定的程序

比如先听音乐，熟悉节奏之后再盯住教练的脚，学会步伐，最后等下肢动作熟悉后，再学习躯干和上肢等部位动作。要注意全身各部位动作的同步性，也就是说把下肢动作和躯干、上肢等部位动作结合好。

2. 练习街舞要松弛灵活

在练习广播体操、健美操时，可能教练对大部分动作的要求是"横平竖直"，而街舞更多的是强调随意性，要求动作松弛，所以练习时要尽可能放松自己的肌肉、关节，让它们更灵活。

3. 练习街舞要熟悉伴奏音乐

练习街舞时所用的音乐是非常有特点的 hip-hop 节奏，所以在练习前首先要熟悉并适应伴奏音乐的特点。如果一听到音乐，就可以很准确、自如地踏上步点并与音乐合拍，那便可以开始学习街舞了。

第四节　游泳与冰上运动

一、游泳运动

游泳是凭借自身的肢体动作和与水的相互作用而进行的运动项目，也是在大自然环境下进行水浴、空气浴、日光浴相结合的运动。它不仅是广大青少年喜爱的运动项目，而且也是适合男女老幼进行锻炼、简单易行的一项体育活动。我国幅员辽阔，海岸线长，江河纵横，湖泊水库星罗棋布，为开展群众性游泳运动提供了有利条件。随着人们对物质、文化、娱乐生活要求的提高，一种以强身健体为宗旨，以丰富人们文化生活为目的大众游泳活动，如康复游泳、娱乐游泳、水中游戏、健身游泳、减肥游泳等，已在各地蓬勃发展，成为现代游泳运动中的重要组成部分。

人类的游泳活动源远流长，从地球上出现最早的人类开始，为了生存就不可避免地要与水打交道，人们就是在生活、劳动、与大自然做斗争的过程中，积累了在水中移动的技能，逐渐学会了漂浮、游泳和潜水，并使游泳活动得到发展。

竞技游泳源于英国及澳洲，后来传入其他国家，19世纪中期至20世纪初，世界各国的游泳比赛开始普遍起来，游泳总会亦相继成立。英国业余游泳总会（前身为都会游泳总会）于1869年成立，是第一个成立的国家游泳总会。在1850年至1860年间，英国与澳洲已有国际游泳比赛。当国际奥林匹克运动会于1894年6月16日在巴黎成立时，游泳已经被列为1896（第一届现代奥运会：1896年雅典奥运会）的奥运项目之一。国际业余游泳联会（FINA）则成立于1908年。

（一）游泳对增强体质的意义

坚持游泳锻炼，不但能使神经、呼吸和血液循环等系统的机能得到改善，还能提高肌肉力量、运动速度、耐力和关节灵活性，使身体得到协调发展。游泳被誉为21世纪人们最喜爱的体育娱乐活动之一，对于丰富人们的精神文化生活有积极作用。

①游泳时由于冷水的刺激，机体代谢率有很大提高，在水中胸部要受到12~15千克的水压，呼吸条件比陆上困难得多。运动中所需大量的氧气是通过增大呼吸深度的方法取得的，使每次呼吸都能吸进大量的氧气，呼出大量的二氧化碳。经过长时期的锻炼，呼吸肌就会逐渐变得强而有力，呼吸功能也就有很大提高。实验证明，一般人的肺活量约3200毫升，呼吸差为6~8厘米；而游泳运动员的肺活量可达4000~6000毫升，呼吸差可达12~15厘米。经常进行游泳锻炼的人，安静时的呼吸显得深而慢，呼吸肌不容易疲劳，又能满足机体的需氧量。

②水温的刺激和压力，对心血管系统也提出了更高的要求。人在水中成平卧姿势时水对身体的按摩作用，也有利于血液循环。

③游泳时，所有的肌肉群和内脏器官都参加了有节奏的活动，这种锻

炼，可以有效地促进身体全面、匀称、协调地发展，并使肌肉发达，富有弹性。

④游泳时由于身体是处于水平状态的，整个脊椎关节处于完全放松状态，在椎孔内穿行通过的全部脊神经包括支配内脏的自主神经，都得到了最大限度地放松，使机体的血液循环更加畅通，营养更加充分，促进内脏器官的功能调整。

⑤由于游泳是平行运动，全身大小关节不承受身体的任何重力，全身关节处于放松、松弛状态，可以有松懈神经压迫、减轻病痛的作用。

⑥游泳时水温是低于体温的，冷水对于皮肤的刺激可以增强人体对于水温、气温变化的适应能力，增强体质。

游泳是我国重点发展的体育运动项目，就其地位和作用来看，不仅与田径、举重一道被列为奥运会的三大基础项目，而且在奥运会中拥有31个比赛项目，项目之多，仅次于田径。游泳也是进行国际文化交流，增进与各国人民的相互了解和友谊的有效手段。把游泳作为奥运会战略重点项目大力开展，加速提高运动技术水平，对促进我国走向体育强国具有重要的意义。

（二）蛙泳技术

1. 身体姿势

蛙泳时，身体姿势不是固定不变的，而是随着臂、腿及呼吸动作的周期性变化而不断改变，当蹬腿结束后，两臂并拢前伸。两腿向后蹬直并拢时，身体处于较好的流线型滑行状态，身体较平，头略抬起，水浸于前额处，胸部一部分、腹部和大小腿处在水平姿势。这时身体纵轴与水平面呈8~10度角。

2. 腿部动作

蛙泳时腿的技术动作可分为收腿、翻脚、蹬夹腿和滑行，这四个动作紧密相连。

（1）收腿。

开始收腿时，两腿随着吸气的动作自然向下，同时两膝开始弯曲并自然分开，小腿向前回收；回收时，两脚放松，脚踵向臀部靠拢，边收边分。收腿时力虽要小，两脚和小腿要收在大腿的投影截面内；收腿结束时大腿与躯干成130~140度角，两膝内侧与肩关节同宽，为翻脚和蹬夹腿做准备。

（2）翻脚。

收脚将结束时，脚仍向臀部靠近。这时大腿内旋，膝关节稍内，同时两脚向外侧翻开，勾脚尖，使脚和小腿内侧对好蹬水方向，使腿在蹬夹时有一个良好的对水面。

（3）蹬后腿。

翻脚后，立即以腰腹和大腿同时发力向后蹬水。先伸髋，再伸膝，以大腿、小腿内侧和脚掌向后做急速而有力的蹬夹动作。在蹬夹腿过程中，当两腿并拢时略向下压，以形成前后纵打动作。该动作是推动身体前进的重要动力来源。

（4）滑行。

滑行之前一定要吸足气，俯卧水中时身体要伸展，手脚伸直，全身放松，低头并把头夹在两臂之间，水面在头顶处，脚跟尽量朝水面上伸。

（三）自由泳

自由泳是竞技游泳比赛项目之一。对技术没有规则限制，比赛时，运动员多采用最快的爬泳技术，因此人们把爬泳称为自由泳。

1. 身体姿势

自由泳时身体俯卧在水面呈流线型，背部和臀部的肌肉保持适当的紧张度，在游进中保持头部平稳，躯干围绕身体纵轴有节奏地自然转动35~45度。

2. 腿部动作

自由泳腿部动作虽有一定的推进力，但主要起平衡作用，保持身体的稳定和协调双臂做有力地划水。要求两腿自然并拢，脚稍内旋，踝关节放松，以髋关节为轴，由大腿带动小腿和脚掌，两腿交替做鞭打动作，两脚尖上下最大幅度约30~40厘米，膝关节最大曲度约160度。

3. 臂部动作

臂部动作是自由泳推动身体前进的主要动力。以一个周期分为入水、抱水、划水、出水和空中移臂这五个不可分割的阶段。

①入水：完成空中移臂后，手在控制下自然放松入水。手的入水点一般在身体纵轴和肩关节的前后延长线之间。入水时手指自然伸直并拢，臂内旋使肘关节抬高处于最高点，手掌斜向外下方，使手指首先触水，然后是小臂最后是大臂自然插入水中。

②抱水：入水后，在积极向下方插入的过程中，手掌从向斜外下方转向斜内后方并开始屈腕、屈肘，肘高于手，以便能迅速过渡到较好的划水位置。抱水结束，手掌已经接近对水，肘关节屈至150度左右，整个手臂像抱着一个大圆球似的为划水做准备。

③划水：是发挥最大推进作用的主要阶段，其动作过程可分为拉水和推水两个部分。紧接抱水阶段进入拉水，这时要保持抬肘，并使大臂内旋。同时继续屈肘，使手的动作迅速赶上身体的前进速度，同时，也使主要肌肉群在良好的工作条件下进入推水动作，拉水至肩的垂直平面后，即进入推水部分，这时肘的曲度约100°左右。大臂在保持内旋姿势，带动小臂，用力向后推水。同时，使肩部后移，以加长有效的划水路线。向后推水有一个从屈臂到伸臂的加速过程，手掌从内向上，从下向上的动作路线加速划至大腿旁。整个划水动作，手的轨迹始于肩前，继之到腹下，最后到大腿旁，呈S形。

④出水：划水结束时掌心转向大腿出水时小指向上手臂放松微屈肘。由上臂带动，肘部向外上方提拉带前臂和手出水面，掌心转向后上方。出水动作必须迅速而不停顿，同时应该柔和、放松。

⑤空中移臂：紧接出水不停顿地进入空中移臂，移臂时，肘高于手。

4. 配合技术

自由泳时，一般是在两臂各划水一次的过程中进行，次呼吸以向右边吸气为例：右手入水后，嘴和鼻开始慢慢呼气。右臂划水至肩下，开始向右侧转头和增大呼气量。右臂推水即将结束，则用力呼气。右臂出水时，张嘴吸气，至空中移臂的前半部为止，并开始转头还原。然后，直至臂入水结束，有一个短暂的闭气过程，脸部转向前下。头部稳定时，右臂入水，再开始下一慢慢呼气的过程。自由泳的呼吸与臂、腿配合，初学者一般者采用1∶2∶6的方法，即呼吸一次、臂划两次、腿打六次，这种配合方法易保持平衡和协调掌握自由泳技术。

（四）游泳运动常见的运动损伤与预防

1. 结膜炎

是游泳中常见疾病之一，表现为眼红肿、有异物感、疼痛不适等。其中最常见的是由衣原体引起的游泳池性结膜炎和细菌引起的急性卡他性结膜炎。游泳时最好戴防水眼镜，若游泳后感眼部不适，可点用利福平眼液或0.25%

氯霉素眼液进行预防，注意勿用手揉眼，或用不洁毛巾擦眼。

2. 中耳炎

游泳后，若出现耳朵疼痛，甚至发烧、流脓，那是游泳时带有细菌的水灌入耳朵引起的。还有，在呛水时擤鼻涕是导致中耳炎的另一患病原因。所以，当池水入耳后，可将头向入水侧倾斜，辅以单脚跳动，使其自然流出，切忌用手或他物去抠。为防止池水进耳，最好是戴耳塞。泳后一旦耳痛，应用复方硫酸新霉素或氯毒素甘油滴耳液滴耳。

3. 鼻窦炎

滑冰及潜水易引起鼻腔进水，并将水带入与之相通的鼻窦。若水质不洁，就能引起鼻窦炎，可出现鼻塞、鼻痛、流黏涕或头痛等症状。治疗时可用1%麻黄素滴鼻液与链霉素滴鼻液交替滴鼻。

4. 咽喉炎

多在呛水或吞水后发生，除了出现咽喉不适或疼痛外，常伴有咳嗽。轻者可用多贝尔液含漱或含化消炎含片，重者应及时去医院检查。

（五）游泳运动常见的损伤预防

1. 抽筋

下水前的准备活动应当充分，在水里时间别太长。一旦出现抽筋，千万不要慌乱。若发生脚趾抽筋，马上将腿屈起，用力将足趾拉开，扳直；若发生小腿抽筋，先吸足一口气，仰卧在水面，用手扳住足趾，并使小腿用力向前伸蹬，让收缩的肌肉伸展和松弛；手指抽筋时，手握成拳头，然后用力张开，如此反复，即可解脱。

2. 眼睛鼻痛

可能是由水不洁净引起的，上岸后应马上用清洁的淡盐水冲洗眼睛，然后用氯毒素或红霉素眼药水点眼，临睡前最好再做一下热敷。

3. 皮肤发痒出疹

主要是皮肤过敏所致，立即上岸，服一片阿司咪唑或氯苯那敏，很快就会好转。

4. 游泳的安全卫生常识

（1）在海边游泳要注意潮水的时间。

涨潮后就将退潮，请尽量不要在退潮时游泳，以免退潮时往回游体力消耗过大发生意外。

(2) 不要在非游泳区游泳。

非游泳区水域中水情复杂，常常有暗礁、水草、淤泥和漩流，稍有大意，就可能发生意外。因此，在下水之前一定要在当地做好调查研究，做到心中有数，尽可能地远离水草、暗礁、漩流和淤泥。

(3) 游泳前勿喝酒。

酒后游泳体内储备的葡萄糖大量消耗会出现低血糖。另外，酒精能抑制肝脏正常生理功能，妨碍体内葡萄糖转化及储备，从而发生意外。同时因酒精会影响大脑的判断能力，而增加游泳意外的发生机会。

(4) 上岸后要防止暴晒。

注意保护皮肤，为了避免猛烈的太阳照射，最好涂上防晒霜。海浴前需在岸上做好准备，然后在浅水中浸润皮肤，使身体适宜水温。海浴时请不要攀登礁石，以免被牡蛎划伤。

(5) 饭前饭后勿马上游泳。

空腹游泳会影响食欲和消化功能，也会在游泳中发生头昏乏力等意外情况；饱腹游泳亦会影响消化功能，还会产生胃痉挛，甚至呕吐、腹痛现象。

(6) 剧烈运动后别马上游泳。

会使心脏加重负担；体温的急剧下降，会使抵抗力减弱，引起感冒、咽喉炎等。

(7) 月经期勿游泳。

月经期间游泳，病菌易进入子宫、输卵管等处，引起感染，导致月经不调、经期延长。

(8) 勿长时间曝晒游泳。

长时间曝晒会产生晒斑，或引起急性皮炎，亦称日光灼伤。为了防止晒斑的发生，上岸后最好用伞遮阳，或到有树荫的地方休息，或用浴巾在身上保护皮肤，或在身体裸露处涂防晒霜。

(9) 游泳后勿马上进食。

游泳后宜休息片刻再进食，否则会突然增加胃肠的负担，久之容易引起胃肠道疾病。

(10) 游泳时间勿过久。

皮肤对寒冷刺激一般有三个反应期。第一期：入水后，受冷的刺激，皮肤血管收缩，肤色呈苍白。第二期：在水中停留一定时间后，体表血流扩张，皮肤由苍白转为浅红色，肢体由冷转暖。第三期：停留过久，体温热散大于热发，皮肤出现鸡皮疙瘩和寒战现象。这是夏游的禁忌期，应及时出水。游泳持续时间一般不应超过1.5~2小时。

（11）高血压患者勿游泳。

特别是顽固性的高血压，药物难于控制，游泳有诱发中风的潜在危险，应绝对避免。

（12）心脏病患者勿游泳。

如先天性心脏病、严重冠心病、风湿性瓣膜病、较严重心律失常等患者，对游泳应"敬而远之"。

（13）患中耳炎者勿游泳。

不论是慢性还是急性中耳炎，因水进入发炎的中耳，等于"雪上加霜"，使病情加重，甚至可使颅内感染等。

（14）患急性结膜炎者勿游泳。

急性病毒性结膜炎主要是由病毒感染引起的，该病病毒，特别是在游泳池里传染速度之快、范围之广令人吃惊。在该病流行季节即使是健康人，也应避免到游泳池内游泳。

（六）游泳的救护方法

游泳救护分为自我救护和救护溺水者两大类。其中救护溺水者又分为间接救护和直接救护两种方法。

1. 自我救护

自我救护是指会游泳者在没有其他人员帮助的情况下，自己排除意外事故来解救自己。具体方法如下。

（1）手指抽筋。

将手握拳，然后用力张开，这样反复快速连续做，直到抽筋消除为止。

（2）小腿或脚趾抽筋。

先吸一口气仰浮水面，伸手握住抽筋肢体的脚趾，用力向身体方向拉，同时用同侧手掌压在抽筋肢体的膝盖上，使抽筋腿伸直。

（3）大腿抽筋。

如果大腿后群肌肉抽筋，解救的方法同（2）一样。如果大腿前群肌肉抽筋，则应先吸一口气仰浮水面，使抽筋腿屈膝，双手从背后握住抽筋腿的踝关节，用力拉紧小腿，使之与大腿折叠。

发生抽筋后不宜继续游泳。如果离岸较远，则应首先解除肌肉的抽筋状态，使之恢复正常，然后用最省力的技术动作游回。特别是发生过抽筋的肢体，动作更不能紧张用力，以防再度发生抽筋。如果在水中不能消除抽筋状态，应游回岸上解救，游回时尽量使抽筋肢体放松不动，利用没有抽筋的肢体以最省力的动作游回岸边。

2. 间接救护

间接救护是指利用救生器材对较清醒的溺水者施救的一种方法。这种方法既简便省力又安全迅速，常用的救护器材和使用方法如下。

（1）救生圈。

最好在救生圈上系好一条绳子，当发现溺水者时，可将救生圈掷给溺水者，待溺水者抓到救生圈后，将其拖到岸边。

（2）竹竿。

溺水者离岸较近时，可将竹竿伸给溺水者。待溺水者抓住后将其拖至岸上。

（3）绳索。

使用绳索时，在绳索的一头系上一个明显的软质漂浮物，将绳索盘成圆圈，救护者握住绳索的另一端。救护时将盘起来的绳索同漂浮物一起掷在溺水者的前方，便于溺水者抓住绳索上岸。

（4）木板。

在没有其他救护器材的情况下，木板（树干或其他漂浮物）也可以作为救生工具。使用时可将木板掷给溺水者，也可扶木板游向溺水者，让溺水者扶木板，将其拖带游回上岸。

3. 直接救护

直接救护是指不利用任何救生器材，救护者亲自下水直接对溺水者施救的一种方法。

（1）入水前的观察。

发现溺水者，首先应发出求救信号，争取更多的人参加救护，在自己准备下水的同时，应对周围环境作简单地观察并迅速做出判断。

（2）入水。

入水时要求安全、迅速、注意目标，根据不同情况采用不同的入水方法。

对熟悉的水域，如游泳池，可以用游泳出发的入水姿势入水，要求入水要浅，出水要快。

对不熟悉的水域，应采取跨姿入水。动作要领：两腿前后分开，两膝自然弯曲，两臂自然向两侧张开，上体正直，目视目标。当身体入水后两腿迅速向下蹬夹水，两手臂迅速向下压水，使身体立即浮出水面。这种方法的优点是安全、入水浅、出水快，容易看清目标。

（3）游近溺水者。

当游到距离溺水者2米左右时应停下来观察一下溺水者情况，然后决定采用什么方法接近和控制溺水者，并利用这瞬间调整一下自己的呼吸以保存体力。溺水者有三种情况：会游泳，突然发生抽筋或其他事故；已经昏迷；正在求生挣扎。第三种情况对救护者特别危险，要选择适当方法接近溺水者，避免自己被溺水者抱住。接近溺水者有三种方法。

其一，游在溺水者背后。这是最理想的情况，可直接从后面靠近溺水者，双手托其腋下，使其口鼻露出水面后进行拖带。

其二，溺水者面向自己。一般来讲，溺水者均会不同程度表现出挣扎的求生欲望，为避免被溺水者抓住，救生者除大声要求溺水者保持"安静"外，应先吸一口气潜入水中，在水中两手扶住溺水者髋部，将其扭转180度至背向自己，然后用第一种方法接近溺水者。

其三，溺水者面向自己。而且有单手或双手上举的求救动作。这种情况可以从正面接近。其方法是从正面用左（右）手准确果断地抓住溺水者的左（右）手腕，用力向自己的左（右）后方拉，借助这个惯性力使其转体背向自己，然后用同上一样的方法控制溺水者。

（4）水中解脱。

水中解脱是指救护者在执行救护当中，被溺水者抓住或抱住身体而进行解救的一种专门技术。

虎口解脱法，是挤压指拇指之间相连的部位。当救护者的手腕被抓住时，救护者根据压迫其虎口的方法使其脱手而得到解脱。

溺水者从背后抱住救护者的颈部，救护者首先握住溺水者靠近自己胸前的一只手腕，另一手从下向上托其同一手臂的肘关节，自己收颌低头顺势从溺水者腋下滑脱出来。解脱后不要放开溺水者的手腕，要顺势将其扭转至背向自己。

溺水者从前面抱住救护者的颈部，救护者用左（右）手向上推其右（左）肘关节，右（左）手握其同一手臂的手腕并向下拉，同时收颌低头从其两臂间解脱出来，然后推转溺水者使其背向自己。

救护者被溺水者从后面拦腰抱住，救护者可用两手分别抓住其同侧其中一个手指（最好是中指），同时向外侧用力掰开，然后放开一手，另一手继续用力向侧上牵拉，使其背向救护者。

（5）拖带。

拖带是指救护者把溺水者从水中拖运靠岸的方法。一般采用侧泳或反蛙泳两种泳式进行拖带。

两手托头部反蛙泳拖带。救护者和溺水者均仰卧水中，救护者两臂伸直，两手托扶住溺水者的头后部至两颊，两腿做反蛙泳蹬腿动作进行拖带。

托双腋拖带。双臂伸直托溺水者双腋，采用仰卧蛙泳蹬腿拖带，救生员拖带时稍含胸收腹。

单手抓托颈部拖带。将溺水者仰卧水中，救护者直臂单手抓住其颈后部，另一手臂划水和两腿做反蛙泳或侧泳动作进行拖带。

夹胸拖带。溺水者仰卧，救护者侧卧，一手臂从其肩上斜经过胸前抓住对侧腋下，另一手臂帮两腿做游泳动作进行拖带。

穿背握臂拖带。救护者一手从溺水者腋下穿过经背部握住另一手臂，即可用单手侧泳将溺水者拖带游进，这种方法易于观察游向。

（6）上岸。

救护者将溺水者一手压在池边上，自己先上岸，然后抓住其两手腕，拉上池边。溺水者面向池壁和背向池壁均可。

将溺水者拖带至扶梯前，使其面向自己，并把其扛在肩上，双手握住扶梯，稳步爬梯上岸；当溺水者臀部移到池边时，应扶其头后，慢慢使溺水者躺卧。

（7）岸上急救。

溺水者被救上岸后，首先要观察症状，然后决定采取哪些措施。如果溺水者神志清醒，只需一般性引吐、保暖和休息便可逐渐恢复正常，无须做其他救护。如果溺水者处于昏迷状态、神志不清，一方面应立即与医疗急救单位联系，同时进行急救。

急救措施主要有以下两种方法。

①人工呼吸。当溺水者处于昏迷状态时，首先判断其有无呼吸。方法是：把脸贴在溺水者的鼻、口，感受呼吸的气流，观察胸腹部的肌肉是否有上下起伏。经过观察与判断，确认溺水者已无呼吸时，应立即进行人工呼吸。在进行人工呼吸前，先要清除溺水者口、鼻中的异物，保持呼吸道畅通。如有活动的假牙应取出，以免堕入气管。如溺水者牙关紧闭，救护者从其后面用两手大拇指向前上方顶住下颌关节，同时用两手食指和中指向下压下颌骨，便可掰开溺水者牙关。

清理好口、鼻中的异物后接着进行控水。其方法是：救护者一腿跪着，另一腿屈膝，将溺水者的腹部放置在屈膝的大腿上，一手扶其头部使口向下，另一手压背部，将水排出。

控水后，立即进行人工呼吸。实践证明，口对口吹气法效果好，且简便易行。操作方法：救护者在仰卧的溺水者侧面，一手捏住鼻子，另一手扶着下颌，深吸一口气，然后对紧溺水者的口将气吹入。吹完一口气后，离开溺者的嘴，同时松开捏鼻子的手，用手压下溺水者的胸部，帮助其呼气。如此有规律地反复进行，每分钟做14~16次，开始时稍慢，之后可适当加快。在抢救已经停止呼吸的溺水者时，需要做很长时间，最好有两人以上轮流进行。

②心脏按压。当溺水者处于昏迷状态时，在判断其有无呼吸的同时也要判断其有无心跳。其方法是：把换手腕动脉或颈动脉血管，如无脉搏或微跳，应立即做心脏按压。下面介绍胸外心脏按压法：救护者跪在仰卧的溺水者体例，双手重按在溺水者胸骨剑突部分，两臂自然伸直，借助于身体重量是按正常心跳节奏向下按压。

如果溺水者被救上岸后，呼吸与心跳均无，可以同时进行人工呼吸和心脏按压。经采取人工呼吸或心脏按压抢救措施后，溺水者虽已脱离危险，仍须送医院进行全面检查，以防因溺水而引起其他并发症。

二、轮滑运动

轮滑也叫"滚轴溜冰""溜旱冰"，是穿着带滚轮的特制鞋在光滑的场地上进行速度与花样滑行的一项运动。18世纪初，一名荷兰人为了能在夏季滑冰而发明了轮滑溜冰。

1710年。在英国伦敦正式建立了世界上第一个轮滑场。1760年，荷兰人范丽德发明了装有轴承的滑轮冰鞋，从此，轮滑运动在欧洲各国逐渐开展起来。1861年在巴黎世界博览会上第一次出现旱冰表演，1863年美国的詹姆斯·普利姆普顿创新地用金属轮子代替木质轮子，发明了真正的轮滑。1884年美国理查森和雷蒙德发明了滚珠轴承，对改进轮滑技术起了极大的作用。1892年4月1日，国际轮滑联盟在瑞士成立，使轮滑运动向正规化、国际化方向进一步发展。1875~1937年，受滑冰运动的影响，轮滑运动逐渐演化为花样轮滑、速度轮滑和轮滑球三种不同形式的运动项目。1924年4月在瑞士蒙特勒成立了国际旱冰组织。1925年这个组织正式取名为国际旱冰联合会。1952年更名为国际轮滑联合会。目前，全世界已有60多个国家和地区加入该协会。1936年在德国的斯图加特举行了首届世界轮滑球锦标赛。1937年在美国制定了第一个速度轮滑比赛规则。在意大利蒙扎正式举办了首届世界速度轮滑锦标赛。1939年制定了花样轮滑规则。1952年，举行第一届世界轮滑锦标赛。1994年轮滑被列入奥运会正式比赛项目。

轮滑在19世纪末已传入我国，作为一种休闲运动，早已在全国各地普及了，而作为一种体育项目来发展还是在20世纪80年代初，1980年我国正式成为国际轮滑联合会会员。现在轮滑运动在我国正处于发展阶段。

（一）轮滑运动的装备

1. 轮滑鞋

根据形式的不同，轮滑鞋可以分为双排轮滑鞋和直排轮滑鞋两种。双排轮滑鞋主要应用于花式表演和轮滑球运动；直排轮滑鞋主要应用于速度比赛、轮滑球运动和室内外休闲运动，是目前轮滑鞋的主流。

2. 轮滑护具

护具是最容易被忽视，但又很重要的一项装备，包括头盔、护肘、护腕和护膝。戴护具不仅能保护自己，避免受伤，还能保持良好的练习心态。

（二）轮滑运动的安全措施

1. 做好准备工作

练习轮滑前应先做好准备活动，尤其是手腕和下肢各关节及韧带要充分活动开。

2. 戴护具

如有可能，应戴一些防护用具，如轮滑专用的护腕、护肘、护膝及头盔等。

3. 检查装备

练习前要检查轮滑鞋的螺丝等紧固部件，以免滑行中因轮滑鞋出问题而受伤。

4. 选择合适的运动场地

初学者应在初学场内或规定范围内练习，或尽可能在人少的地方练习，不要任意滑行。初次学习轮滑时，最好有滑行熟练的同伴或辅导员进行辅导。

5. 不要妨碍他人

禁止做危险或妨碍他人的动作，特别是在人多的公共轮滑场内，如几人拉手滑行，在速滑跑道上逆行或与大家滑行方向逆行，在场内横插乱窜、追逐打闹、乱蹦乱跳、突然停止等，这都是既妨碍他人，又容易发生危险的事情。

6. 掌握正确的自我保护方法

学习轮滑时跌倒是不可避免的，但要学会在跌倒时做自我保护。当感觉快跌倒时，身体迅速前蹲，蹲下来可以让重心变低变稳，摔跤时最好是前摔避免向后摔，以免摔伤头部。

第五章 大学生体育与健康教育发展

第一节 体育教学模式发展分析

对于体育院校来说，彰显体育专业特色、提升体育教师教育水平、部分专业精英化、走学科群发展道路是发展必须面对的现实。

世界不同国家和地区的体育教育观念正在从封闭走向开放；培养方向从理论教学走向实践为主的导向；培养体制正在从分散式走向集中式、联盟式、生态式。以此为参考和借鉴，湖北率先推动"双一流、双服务、双促进"特色优势学科群的工作，通过一个主干学科带动三个辅助学科共同发展，打造区域品牌特色，主动创建一流大学、一流学科，做好双服务，促进人才质量与地方经济的双发展。

一、探索国际生态大视野中的合作伙伴教育

体育教师教育的国际化、专业化与生态化是教育改革的方向。引进和培养优质的高层次体育人才已经成为体育院校学科专业发展的追求之一。在体育专业训练、科研实践中，体育院校联盟、校企联盟、校所联盟多方位构建了一系列新的生态合作伙伴关系，更新了体育专业教育模式，尝试专业生态发展新方法。生态合作伙伴、团队重建了体育专业生态式的体育教育实践模式，培育了双师型、师生合作型创新队伍，实现了体育专业的生态共同发展。

体育院校生态合作伙伴的方式多样，具体涉及合作伙伴的共同目标、组成类型、生态目标、生态区域、经费运作等。专业生态合作伙伴存在五种模式：政府组织为主生态模式；体育与健康咨询生态合作模式；高校、校企、校所结对生态合作模式；体育团队、集群合作模式；大学科群、大专业群模式。

这一模式主要是为体育院校或师范院校体育系提供体育专业与产业发展建议与咨询服务。体育院校高等教育研究所、体育健身中心、体育经济或体育产业发展中心均可以成为体育专业的研究者、咨询者、服务者和顾问者，提供体育专业资源、运动训练技术、运动处方、体育产业、体育健康指导。体校应广泛与社区、社会合作，共同组建咨询服务合作模式，改进体育院校自身发展的实践问题，强调样本研究，强调与实践的有机结合，强调体育专业经验的总结与提升，强调与中小学的合作教学与合作训练，促进体育的专业发展。

体育院校师生的角色可能是专家身份、合作身份、学习身份、指导员身份，也可能是服务者身份或者实践的调查者，主要是为了熟悉专业、真正改进专业实践。专家团队作为体育学科专家领域的引导者，可以在各生态空间为师生提供教学咨询、健康咨询与医疗保健信息服务。体育院校也能为中小学教师提供个别建设性方案与建议，为中小学的体育发展作专题报告。

二、体育院校体育专业未来生态教育发展方向

努力形成体育专业生态教育的共识。专业生态改革与创新需要理论与实践的支撑。专业生态教育改革需要学校各级部门与广大师生的全方位的生态合作，因此，要形成合力必须要达成生态教育、生态体育的共识。生态宣传、生态教育、考察调研、生态校本研究都是必要的，联盟与团队也需要达成专业生态共识。

周密的专业生态设计分步稳定推进。第一，需要从体育人才培养目标开始，考虑社会生态、教育生态、体育生态、专业生态资源、专业生态位、生态空间，明晰体育专业生态改革的总体思路与框架，制定具体的、可行的生态教育措施与办法，分步稳进推动生态教育、生态体育、生态专业的各项计划与安排。第二，尽可能利用生态资源、合理有效配置生态资源，统筹安排。如从条件相对成熟的专业着手或者从最需要的专业开始（如自由转专业），果断决策、稳定进程、大胆推动、认真落实。第三，人才引进与教师的培训要打破生态空间的束缚。生态位与生态空间要广泛拓展，不能将人关在学校内部来培养。好的生态教育改革方案需要有优秀的人才来操作、来实践。人才的梯队、交叉、国际化、人才的横向引进与纵向培养，均需要统筹

规划,优先布局,需要形成学校与联盟(团队)的学术方向,形成一个团队一个品牌,一个联盟一道景色,形成许多新的生态文化链、体育产业链、健身链、康复链。第四,合理调整专业生态发展结构。25个左右的体育专业如何统筹,合理布局是一个系统工程,哪些需要加强,哪些需要弱化,哪些需要减缓招生,哪些需要淘汰,其生态结构、生态位均需要规划与组织实施。过去是重在申报,个别专业建设,但总体的统筹与促进发展研究不多,探索不够,没有明确的生态分布与生态位要求。各专业课程的生态层次也未能充分体现,没有形成一个完整的生态圈。第五,有效、合理地使用经费。过去专业改革面临的问题是如何吸引经费投入,现在则是经费如何有效使用,形成良好的生态环境支撑。如果有生态教育、生态体育、生态专业条件的经费保障,改革措施的推进会更为顺利,效果会更好。

应用型体育学院正开始从象牙塔式转变为以专业实践为重点的专业性、应用性强的专门学院。强调学术性,更加重视应用,其工作重心本身放在体育实践领域。从体育比赛到运动训练实践,从体育教学到专业实习,无处不强调应用建设。应用型体育学院需要加强广泛联系与深度合作,拓展生态空间,建立更加密切的合作伙伴协作关系,推动专业教育与应用能力的提升与发展。

建立有效的体育专业质量鉴定与学生学习评价制度,新的标准应该以学生的学习成就与应用能力作为基础评估项目的质量标准。建立和完善学生纵向与横向的学习、训练、比赛、表演成绩与成绩的综合性数据库,进行培养跟踪,并将之与其毕业学校、工作单位有机地联系起来考察,这些数据将有助于思考大学生为何没有学习动力、为何找不到工作的问题。也能更准确地明晰哪些专业对于提高体育学习是最有效的,哪些体育课程能培养最好的体育教师,对体育教师、社会体育指导员、救生员、保健员、理疗师的资格限定哪些是最有实用的等,根据这些数据,各专业便能对教师体育专业项目的要求进行重新设计,把能够培养与促进学生学习、训练能力的专业课程与体育实践结合起来。

新时期体育专业生态改革的主要内容:

①改革本科招生制度。这与国家高考制度改革息息相关。以体育高考为基础,选取2~3倍数量的考生进入面试,按专业单位选拔,把好进口关,真正体现公平。其次要改革转专业的政策,降低转专业的门槛,可以尝试2~3

次申请，设法让每个人学其所爱、学其所长，真正培养应用型、创新型人才。突出专业教育以学生为本。不可否认，由于种种原因，新生专业选择都有一定的盲目性、盲从性，大家一窝蜂地选择网球或者羽毛球项目，并不是其真正的兴趣与身体优势的最佳选择，也没有考虑市场需求与否。允许重新选择专业是非常重要的。在学习中体验、选择。多次申请转专业，每学期受理一次。专业大方向不能变，专业模块设计要清晰，要坚定不移地推进专业生态化发展。

②改革专业考试方法。突击复习、死记硬背、弄虚作假的考试方式必须改革。培养专业人才发现问题、提出问题、分析问题、解决问题的能力，把平时作业、讨论课、开卷考试、口试和课程论文等各种考查形式结合起来。创新体育专业教育对于培养研究型、复合型、应用型人才都非常重要，教授必须给学生开课，尽早地接触体育大师、体育名家，开拓体育专业视野。通过举办"名家论坛""博士讲坛""与企业家对话""创业挑战大赛"等方式，实现与大师对话，启迪人生，向大家学习，开创新的领域。让更多的本科生参与科研活动、训练活动和社会实践活动，把导师制落到实处。强化体育实践技能的教育与培训。体育强调身与心、技术与战术体能与意志结合，只有真正懂得体育实践、参与体育比赛与组织体育活动者，才有可能拥有丰富的创新性能力。制定具体技能，列出清单，如"三技四会"（基本知识、基本技术、基本技能，会领操、会口令、会教学、会组织），分解任务到各阶段，逐一落实。做到知识、技术、技能兼备，知行合一。

③重视并强化应用型、复合型体育人才的培养。教学与训练相融合、理论与技术相结合、体育与健康相结合、体育与文化相配合，体育与产业相得益彰。应用型、复合型体育人才更适合社会生态发展需要。实行双学位（主辅修体育专业）培育，一专多能，一专二辅。大众教育时代依然需要强化体育英才的教育与培养，这更加需要因材施教、区别对待。以此体育院校也开始了特长班教育，针对体育技能出众的学生开办不同形式的特殊计划，如设立拔尖人才试验班，制订与实施更严格的全生态人才培养计划，从时间到空间，全方位实行导师制、实践参与制等，有针对性地培养复合型、应用型拔尖体育人才；把大众专业体系中特别优秀的学生挑选出来，精心组织训练与竞赛、产业培训、拓展指导，加入实践内容，重点培养领导力、指挥能力和技能水平，以及思考力、表达力；拓展体育英才计划，打造国际体育人

才，参与国际体育活动，力争话语权、领导权、参与权。

④国际化专业生态的研究与拓展十分重要。国际化方式主要是请进来和走出去。武术、武医、中华传统养生结合的专业完全可以请进来与走出去，过去是自发的、自由的，现在需要团队的、集体的、专业的，短期与长期结合起来，围绕学科方向加强国际化。学习国外优秀的体育教育资源，弥补学科专业的不足，让师生主动去感受国外不同的体育文化、民族传统和体育健康氛围，拓宽国际视野，开辟生态发展新思路，让体育与健康更加立体化、生态化。

第二节 体育课程实施的模式与构建

体育院校既是创新体育人才的集聚地，也是体育创新成果的策源地。最重要的是要坚持科学发展，促进产学研训的生态合作。

产学研训生态合作体是指体育院校与企业、其他院校、其他单位之间联合创新的产学研训合作实体，追求共同利益，共享资源，互补优势，共融文化，共建师资，共定课程，共管专业，共建平台基地，共商合作目标、合作期限与合作规则，共同参与，共同投入，共享成果，共担风险。

产学研训生态合作是通过运动队、体育企业、体育院校、体育科研机构的广泛生态合作，以获取、开发、交换各种体育健康知识、体育信息情报和体育资源而进行的体育技术、战术、技能创新活动。产学研训生态合作模式把政府、企业、专业和体育科研院所集合在生态创新价值链中，发挥各自的作用。

一、产学研训生态合作与创新是专业可持续发展之路

推进产学研训生态合作是体育院校服务社会发展的迫切现实需要。体育院校肩负着推动体育科技进步和技术、战术创新的一支重要的生力军，是战略性新兴体育产业与科学化训练发展的重要源头。

推进产学研训的生态合作，是推动高等院校体育事业生态发展的内在要求。科技成果与创新一定要服务于社会生态的健康发展与人民的幸福。体育过去只是以提高身体素质来实现生产力的提升，现在更加需要体育文化来转

化富国强民、生活质量与生命档次的技术支撑，转化为惠及民生健康与生活的实际创新应用。产学研训生态合作是体育院校落实社会生态责任、检验教育生态质量、培养体育人才的良好途径。在生态合作过程中，必然会催生高等院校加强专业自身建设的动力机制，促进体育专业与体育创新人才的生态培养，实现体育科学研究、运动成绩提升、社会健康服务、体育文化传承创新等各项事业的良性循环，促进体育院校专业生态理念、生态办学体制与机制的改革和创新，进而实现体育院校教育生态的科学发展。

二、体育专业产学研训生态合作机制构建

体育专业产学研训合作机制是指在产学研训不同生态位合作过程中，专业合作的生态因素结构、功能及其相互关系，以及专业生态因素、专业功能发挥过程和原理及其生态运行方式。

（一）体育专业生态组织联盟机制

产学研训合作的组织联盟机制就是宏观上对产学研训合作的生态系统行为方式进行重新组织、全面推广、深入研究、生态管理的联盟组织机能，是实施产学研训合作研究、运行、发展、优化的根本组织保障体系。建立专业的产学研训合作创新机制与方式，必须先建立完善的产学研训合作发展的相关制度，使政府与学校成为推进专业产学研训生态合作创新的"领导者"与"指挥者"；政府负责校与校间的专业合作，学校负责内部专业生态合作；分别建立外部与内部的生态合作联盟机构，保证产学研训生态合作过程中的多重联合方式、全方位生态联合进程均按相关生态联合制度的程序及规范标准开展；不断研究制订保证体育专业产学研训生态合作方案；在专业产学研训生态合作联盟领导小组的全面指导与协调下，整合专业生态力量，形成生态合力，注重生态效率。生态合作主体中的体育院校、科研机构及教育厅均应设置相应的产学研训生态合作项目及平台机构，将产学研训的合作摆在突出的位置，抓紧、抓实、抓好，使产学研训的合作不断步入法制化、规范化、科学化、生态化的发展轨道。

（二）体育专业生态位利益共享机制

专业产学研训生态合作联盟的形成、发展都与专业的利益驱动力高度相关。生态位利益共享机制是指从生态位角度来均衡专业绩效及利益的分配

共享方式和调适比例关系,坚持第三方评估,把专业生态发展义务与生态位权益结合起来,明确进一步专业产学研训生态合作各方(专业群)在整个专业生态发展过程及生态位形成与发展中所承担的义务与职责。在专业产学研训各方合作运行中,一定会遇到利益分配问题,需要适当地调整归属权、专利权、转让权、使用权、开发权、享用权、分配权、定价权、生态位提升权。

(三)体育专业产业化机制

体育专业产学研训生态合作面向社会、面向大众,一方面需要大量资金投入,又存在较高的体育创新风险。教育部门需要创造更多有利的生态条件,使产学研训生态合作能在区域生态空间内实现多源头、多渠道、多层次筹措研究资金、训练比赛资金、体育康复产业资金,通过政府适当投资引导、主动吸收民间资金、设立体育科技创新园,建立产业启动发展专项资金,建立和完善高度专业化的体育创业、体育产业、体育科技服务体系,为产学研训广泛的生态合作提供有力的指导与支持。

(四)体育专业互动平台与全息沟通机制

产学研训生态合作中,存在着专业效率、专业利益、生态位提升的空间与好处,体育院校专业的选择与社会生态的选择并不一定同步,体育企业文化和体育院校专业文化也存在较大差异性,教育生态与社会生态的对接需要广开门道;政府或体育行业组织为体育企业、科研(院)所与体育院校搭建专业沟通互动平台,建立全生态方位的正式往来和非正式信息交流共存的平台对话机制;全生态空间内打通体育院校、体育科研(院)所与体育企业间生态资源的全流动渠道,真正发挥博士后流动站的体育竞技术科研创新能力,让专业体育教师带着专业项目找生态空间,主动与社会生态接触;进一步加大院校对社会生态的影响力度,进一步发挥教育生态智力库的专业优势、科研优势作用;把社会生态中高水平体育人才请进来,与专业队伍进行全方位信息沟通,寻找体育科学技术创新支撑点,为社会生态、体育生态持续发展创新注入永恒的动力。此外还要建设生态空间站点,如网络空间,进一步缩短社会生态、教育生态、体育生态与专业生态间的距离。

三、体育专业"产学研训"生态合作动力机制与模型

（一）体育专业"生态合作动力机制"构建

体育专业生态合作机制作为一种人才培养的新模式要想获得大家认可，并非想象中那么容易与顺利，体育专业"产学研训"生态合作的确存在着一些阻力，主要是合作的动力不足，缺乏配合协调机制。国家要发展体育文化产业，需要激活核心动力要素，正如中国乒乓球有广大的公众与爱好者，但体育市场并不火爆，虽实现了大众化，却未能如愿以偿地实现市场化，因而建立相互协调的合作、补偿、共享的"动力机制"尤为重要。

（二）"人才、技术、利益"三维生态合作动力模型构建

生态合作动力来自联盟的合作、补偿、共享，有效地确保联盟体系中生态主体的利益，规范联盟活动。在联盟具体实践中，围绕动力机制建立"利益、人才、技术动力模型"，各负责任、共同发展。教育部门、体育局作为主导，在体育专业产学研训生态合作联盟体系中，充当协调者、引导者、组织者。体育院校、科研院所是体育知识、技术战术创新和科技创新的创始地，其平台培养出具有创新能力的体育人才，形成了动力源，其成果输送到体育中心、健身中心、竞技体育、社会组织。其成果转换得越多，干劲就越大。湖北省科技厅出台"科技十条"新政策有效地调动体育人才、技战术创新、产业发展的动力以及共同体利益与积极性，体现公平、公正，确保生态合作主体有效地开展创新合作，有积极的体育人才、有自主创新的科研能力，特别是有了科研竞争与奋斗的动力，更有政府的激励机制，形成了一个完整的动力模型。以体育院校为主体，合作的体育中心、体育部门、企业为主力，政府为主导，协调三方主体间的产学研训的利益、人才、技术的合作、补偿与共享利益。

第三节　中国体育教学的改革趋势

一、体育院校专业设置生态平衡调控

学科专业结构调控是一个系统工程，从专业统筹设置到评估、信息、增

补通常是由省教育厅管理的,需要协调体育人才培养与经济社会体育发展需求,紧紧扣住体育文化、体育产业与大众健康未来的步伐,提前研究体育专业生态发展的轨迹,对体育专业进行前瞻性的、针对性的、科学性的生态调整。

作为体育专业结构调控的引导者与推动者,政府相关主管部门需要对全省高等体育教育的要求、各级各类体育人才的需求状况、学科专业发展进行全面了解,以此来统筹区域内专业发展的生态平衡。

不容置疑,本科毕业生就业越来越难,已引起了社会各阶层对其专业设置的广泛关注。谈到专业设置时人们会自然地想到解决方案与权力都集中在教育部门手中,关于专业设置问题,院校自身是无力过问的,体育院校不可能面向市场来自主设置专业。如果过分地强调自主权力,有可能被滥用,又会导致生态失衡,生态位混乱,生态竞争无序,进而引发一系列的问题。体育院校作为体育生态、教育生态的竞争主体,在没有教育部门权力约束的情况下,一般也会从自身利益最大化的角度来追求体育专业的快速发展,不管某专业的生态分布与重叠。有时,人们会高估市场的作用,好像市场机制就是解决体育专业设置问题的关键。事实上,当市场经济发展到一定程度,人们就开始反思市场的作用了,如果市场一度需求羽毛球人才,快速发展一段时间,市场就会马上饱和,生态空间变得有限,培养大量的羽毛球运动员或者教师,在体育生态圈中将无法生存,专业生态链无法形成。体育专业设置也是一个关系众多利益主体的一项公共事务,任何一个利益主体掌控专业设置的权力,都不会利于体育专业的良性发展。

(一)要进行总的平衡与统筹安排

在教育部门统一指挥的视角下,解决体育专业设置问题有一定困难。体育专业设置的权力应该是多元的、相互制约的。如果教育部门始终固守权力统一的原则,不进行实质性统筹与布局,只是通过网上的申报书或者专家评估意见决定,对各院校申报的体育专业不进行实地考察与评价,这样做显然是不利于体育专业的进步与发展的。有专家或官员认为体育院校可自主设置专业,似乎这是解决问题的良方。可在实际操作中,人们会发现当前体育院校专业设置存在的最大问题首先是专业设置没有特色,重复太多;二是专业设置方面有限的权力被滥用,互相交叉,反复申报,没有统筹;三是重申报、轻建设；四是缺乏真正的监督与有效的评估，更是缺乏其相关专业生态链主体的有效监督。人民满意体现在哪里？从理论上来说，体育院校自主设置专业是尊重了学校办学自主权，但是，各校自主设置专业的前提是必须考虑到本地区、其他院校、其他生态相关者的利益，如果对专业的生态位、生态平衡、生态建设考虑自身的机会要多一些，将无法形成有效的制衡、平衡机制。因此，必须进行总的平衡与统筹安排。

（二）要根据市场的特殊性设置体育院校专业

市场机制能否真正解决体育专业设置重复、交叉、千篇一律等问题呢？目前看来，在我国现行体制下是行不通的。专业的信息能否完全透明，公平公正的竞争、有序的市场秩序、市场机制发挥作用等还不能完全到位。因此，目前我国体育院校专业设置的市场是一个不完全竞争的市场，主要在于信息的不对称、不透明。学生和家长只能从专业招生广告中获得不完全的信息而进行专业选择，专业的选择还在于老师的介绍、广告的宣传、同学的介绍，或者父母的强制等。广大学生、家长作为消费者并没有太多的知情权与选择权、不能通过消费选择来实现不同生态位的专业的选择。

体育院校专业设置时必须考虑其市场的特殊性，国家需要培养什么样的人，各专业人才质量标准不太清晰，大众教育能否保证所有人才的质量、专业的水平，所学专业与招收进门的专业（或项目）不同，未来所从事的职业与所学专业各不相同，造成专业人才的大量浪费。体育教育专业的学生毕业后没有从事教育方面的工作，造成国家教育资源与专业教育资源的大量浪费。培养的人才社会不需要，或者人数太多，大家一窝蜂地选择网球或者羽毛球专项，可是市场是突变的，今年需要的多，明年就未必需要了。市场饱和或者人才太多，专业人士生存的空间势必狭窄。各体育院校体育专业的人才产品单一，只会羽毛球或者网球，专业质量的判断具有一定的间接性和模糊性。社会接收也需要一段时间才能确定其质量水平，具有一定的滞后性。学生作为体育院校教育市场和人才市场的主体，是联系体育院校专业设置与社会人才需求的媒介，学生对专业质量的判断与选择必须要等到大学毕业后到社会上才能得到检验与评价，并不能完全在学习与训练过程中马上判断专业的质量与水平。往往要进行再学习、再深造时才会得到进一步提高与发展，才会对专业的知识与能力有更加深刻的认识与评价。另外，教育部门及社会对体育专业质量的判断标准也不可能是明确的，统一的评价标准无法体现专业特色与能力水平，通行的考试也不能马上反映人才质量与专业质量，有的人只会死记硬背，考试得高分。体育教育的消费者也不能准确判断专业质量，作为体育教育服务者、教育者——体育院校和专业教师也不能准确地把握专业质量与评价标准。专业文件与专业质量标准是存在的，但往往在执行中会大打折扣，不然大批学生无法达到人才标准与专业标准，学生会滞留在学校，无法毕业，产品无法出门，势必冲击学校生态秩序，影响社会生态稳定。结果是降低标准，一律从简放行，在这种情况，市场调节与标准规范作用必然会大打折扣。

（三）要设置合理的体育院校内部专业组织结构

体育院校专业设置及人才质量与社会需求、人才规格标准不能完全对接的关键原因除了专业设置受教育部门限制外，最主要的阻力还来自体育院校内部专业组织机构的不合理。在没有来自社会外部生态主体的制衡和市场竞争的压力下，体育院校专业管理机制没有改革与开放的动力与激情。大家都习以为常，墨守成规，按照惯例照搬照抄，或者按照前人规定的动作顺利完成任务，不求有功但求无过，过一天算一天。

从现实运行机制来看，一方面体育院校专业在传统管理体制的约束下，其组织管理形式没有实现有效的变革与创新；另一方面，面对快速发展的大众教育及高等教育激烈的市场竞争，准备不充分，对市场机制的应变不够，对市场的研究不多，对外开放的程度也不够，造成了我国体育院校专业中的众多矛盾。最突出的矛盾就是专业设置按照传统的条块分割的专业机制设置的，不能满足市场对人才的需要量与质的要求，专业不更新改造，已经严重束缚了人才的进步，不能及时响应社会人才需求的变化与知识能力的要求。同时，社会对体育人才需求的综合化、技能化趋势越来越明显，但是在我国体育院校内部一般是按学科来设置院系，有的又不完全是按学科来设置。如体育教育训练学二级学科一个方向就有运动系、体育系、武术系等多个院系涉及。体育院校体育教育专业过去一度曾面向大学教育，以培养大学体育教师为主，但后来大学体育教师开始出现饱和，许多学校不接收本科毕业生进校任教，致使其生态空间缩小，但体育院校对老牌专业又舍不得丢弃，也没有改造，培养的人才大量浪费，毕业生只好另起炉灶，自谋出路。各校都有体育系培养体育教师，专业的生态位与生态空间以及专业的综合性都面临众多障碍。一方面大学体育教师饱满，另一方面中小体育教师缺乏。城市饱和，农村贫乏。社会不需要的，拼命在培养，需要的地方却没人去。培养资源、人才资源、教育资源大量浪费。因此，必须建立利益相关的体育专业生态系统共同治理统筹模式，通过多元的专业联盟权力制衡并促进专业结构改革是加强体育院校人才培养与社会人才需求紧密联系的重要途径与方式。

（四）要明确权力主体的生态角色与生态定位

体育院校学科专业设置改革的趋势是大致相同的。其共同的目标就是在期望政府放权，可是一旦放权了，很多院校却跟不上节奏了，老是指望政府宏观调控。体育院校要想达到专业自主、社会参与、学生选择、人民满意的话，这几个方面同时推进、齐头并进的确有困难，而单独强调哪一个目标又不利于体育院校学科专业设置与改革。体育院校专业自主的目的是激发体育专业之间的竞争，增加专业教育特色与活力，形成不同的生态位，避免生态重叠与交叉，促使体育院校专业发展有特色、有个性、有创新，满足多样化的人才需求与社会需要；人民满意、社会参与的目标是促进体育院校学科专业发展与社会生态的广泛联系，不能闭门造车；家长与学生选择是通过专业生态位、社会生态市场来选择，从而激发体育院校专业竞争，充分发挥生态系统的信息作用，同时也是尊重学生学习自主权与人民满意的重要体现。

体育院校专业设置的改善要依靠改革与创新，要形成多元立体的第三方权力监督与评估机构。体育专业设置改革必须从单一的政府审批制、不闻不问的机制过渡到权力下放给第三方中介机构评估检查，重新构想有各生态位利益主体的参与模式，引导体育院校专业生态空间、生态位的有序竞争，由第三方评估其对应的生态位与生态空间，实行动态的淘汰机制与升降机制，赋予第三方在专业评估中所应具有的权力。现实中重点学科评估、水平评估都开始尝试第三方评估，可专业人士太少，评估时往往只重视量化。

改革也不能过分迷信或完全依赖市场力量，必须要发挥社会与中介组织的作用与力量。在政府、学校和社会、个人（家长与学生）的生态格局中，也可能会出现权力与市场的合谋，各取其利，置社会公德与诚信于不顾，政府需要维持正义与秩序，市场与学校需要提供信用与美德，家长与学生要敢于监督、质疑与建议。体育院校专业设置出现问题的根源还是人们忽视了社会的参与权和消费者的知情权与选择权、变动权,只强调了教育部门的管制权和学校的专业自主权,从而形成了权力异化和对专业市场的失控。在今后的改革中,政府应真正让社会有足够的参与生态位与生态空间的权利(社会评估、打分),让所有消费者的权力得到充分的保障与享用,学会修正与建议教育部门和院校的权利行为,以及观察与建议专业改革。体育院校专业设置需要政府规范竞争的秩序、需要市场增加竞争活力,政府与市场也不能吞没社会和个人的贡献力量,体育专业最终的服务对象是社会和师生个人。

综上所述,体育院校专业设置的制度化和规范化、生态化,需要理顺生态环境、生态系统、生态链的权力及主体之间的相互关系,使每一类权力主体都有准确的生态角色与生态定位,然后实现生态空间与生态位上的利益相关者进行共同治理,保证体育院校专业生态设置的良性运作。

二、体育院校专业生态优化

体育院校专业的发展必须以优化的布局结构为基础,符合生态的基本平衡。体育专业布局直接关系到教育资源的使用效率,影响专业的健康发展,从而影响到相应区域、相关行业的政治、经济、文化与体育的发展。不可否认,体育院校专业布局结构调整存在诸多困难、矛盾和问题,需要深刻认识并积极应对。优化专业布局结构,实现资源的有效配置与利用、推动体育院校专业的生态化可持续发展。

针对体育院校毕业生就业供给总量与学科专业生态的关系,体育学科专业优化总体思路应是:科学合理生态定位,适度控制生态规模,规划生态目标引导,政策措施保障,体育专业发展生态措施保障。

(一) 加强专业生态整体规划与统筹,评估与监测调控

体育院校加速实现了大众化体育教育步伐,不可避免地带来了一系列的问题:体育院校与专业数量激增,不仅师范院校有体育院系,普通大学也开设了体育学院或者体育专业,办学体制多元化、专业层次不断增加,投资主体更加复杂;学科专业快速增设;专业办学条件无明显改善、捉襟见肘;专业师资队伍年轻化趋势凸显,缺乏梯队层次;专业管理机构同构,特色不明;专业同质,适应性较差;培养模式单一、人才水平不高。这说明专业布局出现了问题,同一区域中缺少一个系统来平衡,需要从区域生态总体出发来统

筹整个体育院校专业的布局与发展。

在做好省级宏观体育生态规划的基础上（不仅仅是体育局的事），组织专家对体育重点学科、特色专业的发展规划进行全面审定与区域统筹指导。协助做好体育学科及专业发展工作的深入落实，对体育院校办学指导思想、层次定位、类型定位、学科专业定位、服务面向，进行专家论证。统筹安排与帮助学校厘清办学思路，明晰办学定位，找准体育优势与特色。同时省教育厅还应了解并根据体育学等行业性学科的特殊性与作用，组织专家对学科专业设置的科学性、区域广泛性、目标明确性、专业特色性、定位清晰性、保障有力性等全面评议，统筹合理地配置区域内体育专业资源，减少体育专业区域发展的盲目性，促进体育专业规模、质量、结构与效益生态发展。教育主管部门系统思考要站在教育与体育的生态视角，加强对以专业建设为核心的区域经济发展要求、产业结构调整对体育人才需求提前预测和精心研究，为体育院校设置体育专业提供全面的信息指导。

1. 科学合理的生态定位

过去学校只做自己的规划，并局限于校内区域。现在需要考虑整个生态区域内专业发展的定位与规划，涉及区域、同类专业。目前体育院校的专业布局调整还缺乏系统的长远规划，未来学校的重点学科优势所在、特色学科、哪些专业是省级重点、学校重点、如何在专业设计、专业论证和专业建设实施中及时地完善评估机制与监测调控，这些问题都是需要考虑的。当体育局项目与体院竞技体育项目发生冲突内斗时如何处理，体育专业布局结构调整与改革后，需要及时做水平评估和后续的适当调整，符合本地区体育专业生态布局，形成专业规模、专业的体系、人才质量、专业效益、专业特色的同步协调、和谐发展。科学的评估机制对专业建设执行的合理性过程进行有效指导，特别是重点学科群、重点专业集群要进行动态的评估与调整，有利于保持体育专业的可持续健康发展。

目前，许多体育院校把自己的目标定位于建设国内一流、亚洲一流，甚至国际一流的体育大学。一流的体育大学标准及内涵的界定、一流的体育专业数量、培养了一流的体育人才的数量、一流体育人才就业定位，在一个全生态范围的人才流、信息流，在社会生态中有无生存的生态位与生态空间，有无结合专业体育人才需求的生态位和多样空间的特点，能否突出专业的分工和专业人才优势，需要对接体育人才生态的需求进行合理设计与定位标准设计，是培养合格的应用型的体育工程师，卓越的体育指导员，还是一流的体育大师，高水平的体育新闻评论家，都需要有生态的定位与标准。在体育专业特色上体现优势，必须加强自身专业生态需求的调研，调整课程生态设置的内容；加强对体育人才培养环节中综合能力的生态培养，强化体育专业核心技能的生态训练；学生通过职业生涯规划生态位与生态空间的目标引导，分生态方向、小批量向职业生态岗位要求逐渐过渡。通过实习、实践等多环节，解决毕业生不适应生态岗位技能要求的现状。

每所体育学院有自己独自的中长期规划以及专业定位，但并没有进行整个区域的生态布局，一般学校只考虑自己的生存与利益，或者参考了他校的定位，对于合理确定专业规模问题、专业结构、特色专业并没有太多的实践依据。在今后的改革中，各体院应从相对优势专业出发，进一步优化专业资源、合理使用，集中人力、物力、财力，打造社会认可的、优势的、响亮的专业；出精品、创特色，实施重点突破提升战略，建设集团品牌、区域特色品牌，实现校有亮点、系有特色、专业有空间；加大体育专业升级改造力度，向大专业、宽口径的实践生态办学模式方向发展；加大专业课程实践体系与教学内容的深化改革，灵活专业就业方向，把刚性课程体系变为柔性实践课程体系，建立科学合理的跨学科选修、主辅修、双学位、双专业等学习制度，提高学生社会生态适应能力；培育交叉、边缘学科，拓展体育专业生态空间、新的增长点。

2. 适度调控专业招生生态规模

这是体育学科专业生态调整的必要条件。从前面分析看，体育专业毕业生总量增长是结构变化产生的重要原因之一，量的扩张造成了专业结构的变化，扩招、分校或独立院校，生态资源竞争、抢占与重复的生态空间，专业结构比较混乱。过去师范大学体育系与体育学院培养的人才是有区别的，有区域的、有层次的、有差异的，现在却无生态位上的差异性，同质化问题非常严重，谁都可去应聘，体育专业人才资源浪费特别令人可惜。学生当量规模不断变化与其生存、生活环境密切相关，学校教育生态资源就那么多，生态空间就那么大，教学资源就那么些，运动场馆也是有限的，教师队伍也有指标要求和职称学历要求，专业空间就那么大，专业生源多少及质量，的确关系到专业的生存与生态位。如体育新闻传播专业生源不是问题，问题是招进来人数太多，资源有限，生态空间太小，教育生态与社会生态拥挤不堪。

社会生态中体育新闻人才找不到对应的生态位与生态空间，这类专业人才存在浪费现象比较严重，结果是学非所用，学了浪费。体育学科专业要保持相对合理的体系，必须建立在与就业需求结构相匹配的生态基础上，对社会生态中就业需求进行生态分析。调整专业结构的前提是控制总量的增长与专业生态资源与生态空间的调整与布局。否则，学科专业结构仍然会因供给量过大而无法与毕业生就业生态需求结构相匹配，大量的同质体育人才一下子流向社会。虽然有大批网球专项学生选择学习与训练，但毕业后在社会生态中却不一定能马上适应生态环境，找到网球生存的空间。低水平、项目单一的毕业生，其社会生态空间有限，学生很难找到适合自己的岗位与生态空间、生态位。

专业招生计划可以作为重要的调控手段，在专业招生指标、专业经费、新专业审批、专业就业率公示、专业检查评估等方面起到激励与约束作用。抓好体育招生计划调节杠杆，实现体育人才生态位层次结构的宏观调控。调整专业招生规模，根据体育专业就业信息，与社会需求挂钩。招生增量主要用于与本地区体育和社会发展直接相关的、就业预期较好的方向。要积极地调整专业并与新专业设置挂钩，对于改革动作快、力度大、成效显著的专业（或方向），给予优先支持，将专业调整改革与专业绩效考评结合起来。

实施体育专业招生数量与专业生态空间调控制度，调控专业招生规模的总量与质量。避免专业简单重复与生态空间的拥挤与浪费，招生方向具有一定的约束性、特色性与生态位上的差异性，转专业需要一定的门槛与条件，防止某些体育项目体育人才需要的相对过剩与社会生态的拥挤与浪费，造成培养的浪费、人才的浪费、生态位的浪费。在招生制度设计中就要提前规划某体育专业调控措施与办法，掌控好区域内体育专业同质同位体育人才生态空间的分布与招生规模，努力达到体育专业可适当重复设置的程度，以及体育专业人才尽量不过剩、不浪费的目标，跨越生态空间与流动生态空间需要新的竞争上位与生态定位确认。以招生就业指标调控重复设置的体育专业指标，有效地引导专业的利用率与专业资源转向，有效实施专业建设资源的优化配置与生态空间、生态位的调整。根据社会发展、体育发展的需要，每年定期向体育院校及社会公布体育专业或相关专业的人才供需实际情况的预测，引导用人单位平台与信息的公开、公正。

3. 体育专业生态目标引导

体育院校扩招引发了专业结构调整问题，25个体育专业涉及门类多、层次多。专业结构性矛盾依然还较大，社会生态对体育人才的需求量在变化、对质量的需求在改变、对体育人才的层次与类型的需求在更新，各院校需要思考人才的生态位与生态空间问题。体育院校为扩大招生规模开设了一些新专业，需要对社会需求做深入调研，让学科专业的扩展主动适应社会生态中人才岗位的需求，调整专业课程体系，进行生态体系的统筹与安排。要建立约束新增专业的机制与体制，完善专业审批与指导流程，建立由社会生态中的各行业用人单位和教育生态中的主管部门、体育生态中的主办单位、主管部门共同组成的专业评议委员会，对新增专业进行生态位与生态空间评议。确认一个阶段中对体育发展、教育发展具有战略性的新兴体育专业所需要的体育人才进行总体规划与目标定位，形成有效供给与"生态合理适应"的有效机制。

专业定位是人才培养的基础。合理的目标、特色的发展，通过一流的师资队伍、专业管理、课程体系、实践、实训体系加以实现。要想改变体育院校专业同质化问题，需要不断优化体育专业结构，扬长避短，提升整体水平，还要实现区域生态中专业错位发展，有进有退，在不违反体育教育公平的情况下，正确处理重点专业建设与结构调整，形成专业特色。

体育专业就业问题是发展中面临的长期问题，由于体育专业结构具有相对长期稳定性的特征，完全依赖专业结构调整来解决就业结构性方向问题比较难。应用型、创业型、拓展型技能型专业太少，不能马上就业。培养社会需要的高尔夫球童、马术人才的专业又不能马上创办，就业结构性矛盾成为专业培养目标的必要选择。

统筹一下区域内体育专业生态定位与体育人才生态定位，对不同院校体育专业培养的目标相对分工、分层，确定各自的生态位与生态空间，师范院校体育系主要培养什么人才，体育学院同一专业又培养什么标准的人才，其他一般体育院校的同类专业又应该怎么办，对同类体育人才的生态定位有一个基本的资格论证，没有相应的标准，就不能从事某一项工作。正如没拿到教师资格证，就不能在体育院校当体育老师。用系统的、信息的平台来设计与指导体育专业的科学定位、体育人才的标准、人才就业的去向、专业评估与奖惩，从而有效避免体育专业快速发展可能带来的一系列无序后果及引起的市场的混乱，特别是专业人才资源与体育教育资源的大量浪费，使区域内体育院校在稳步发展中实现专业结构的优化与淘汰。对区域内体育专业发展进行全面的生态位系统规划。

4. 加强政策引导与业务指导

要建立分类指导不同层次体育专业生态设置的良性机制。引导学校把申报热情逐步引导到培育与建设生态专业的轨道上来，形成体育院校自主设置、政府备案、社会淘汰的生态良性机制。

一是要运用法律法规与公共政策进行有效的引导，更好地运用公共服务职能和公共资源的配置权力，引导专业布局调整和形成办学特色，在保持专业独立性的前提下，有效促进专业的特色化发展，体现政府的意志、人民的利益和学校的利益。重视规章制度的设计和规范实施各项政策，通过特殊的专业政策和竞争性的拨款，有利于在各专业之间展开生态位的竞争，研究设计生态位的竞争机制，促进体育院校通过提升档次与水平拓宽专业生态位与生态空间，扩大贡献力来竞争专业的有效资源，并按照规划形成自身的特色与实力，需要在专业改革实践中不断摸索、总结与创新。

二是要坚决发挥公共财政宏观调控的职能予以推动。政府部门与高等学校要逐渐转变行政角色，充当专业设置的战略投资者和布局者，不断提高整个体育专业生态布局的宏观调控的能力与有效性，充分发挥公共财政宏观调控与评估的职能。从专业设置的直接管理者中解放自己，转变为高等学校专业设置的战略指挥者、布局者以及考评者、指导者，通过政策来主动引导专业自觉主动地朝着生态整体布局方向调整与改革，把经费效益机制作为专业发展的中心稳定器和改革与变化的重要杠杆。通过唯一的、具体的、定量的、可控制的经济因素与绩效评估，来实现专业的整体服务与引导。采取一系列的保护和扶持政策，不断实现专业的"升温"与"降温"，进行生态空间与生态位的有效调控，实现专业数量与结构的生态均衡分布与发展。

三是要建立需求信息预测网络平台，提供科学有效的生态指导。在市场经济体制不断完善的情况下，弥补市场的随意性、短期性缺点并能够及时反馈体育市场信息和体育人才需求变化的网络信息平台及相关预警服务机制非常必要，社会生态需要什么样的体育人才，提前进行模块菜单与直接订单式培养，培养方与用人单位有机地结合起来，解决体育专业人才的动手实践能力，保证专业的时效性、针对性、科学性。为各类体育人才提供一个就业的信息与机会，为社会提供更多的健康咨询情报，为体育院校的人才专门化指明方向。应尽快建立起一个比较权威、相对科学的体育人才需求预测、预警及公布机制，用以弥补体育市场的信息缺失与不对称，克服各专业的盲目性与局限性，有效推进专业的布局结构及生态位的稳定。引导不同类型和层次的专业各安其位，办出特色。

四是要推动专业项目生态改革、优化资源配置。专业设置中涉及体育院校的自主权和教育部门的调控权两大关系。专业设置可以由体育院校自主进行，但一定需要教育部门宏观统筹与监督考评，通过第三方和专业信息平台的有效监督与管理。专业设置需要职责明确、各行其是、各有作为，真正有效地引导体育专业发展。如幼儿园的"微家园"，小学的"家长100"，全方位地把孩子、家长、老师在一起，大学也可建立相应的"平台圈"。

5. 体育专业发展生态措施保障

体育专业人才培养过程中，主要的制约因素是专业教师来源结构的不合理与专业创新不够。扩招后引进的年轻教师学历层次不能满足学生快速增长的要求，专业师资的来源结构缺乏岗位认证与专业实践经验的提升，对体育专业及产业结构的多层次性、多样性、复杂性认识不足，体育专业理论知识与专业岗位、专业技能的把握不太准确，对人才培养方式的变革还没有太多的准备与研究，青年教师的再培训制度还不能真正落实，到企业或其他体育组织挂职不能迅速到位或走过场，本身对体育生态的认识不高，解决专业问题与研究能力、实践经历明显不足。"学院派"专业师资队伍结构容易照本宣科、纸上谈兵，体育行业专家没理由到学校执教或讲学，人才培养过程中理论与实践脱节依然存在。体育教学团队的真正作用没有得到正常发挥，跨学科、跨专业的复合型体育人才的培养不够到位，生态联合、全方位培养空间没有打开。

专业结构的生态调整是为提高学科专业建设整体水平，决定着体育人才培养的方向、条件与质量。突出以学科与专业项目为载体，贯穿于学科、专业、课程、实验中心、学生创业创新实践园地、创业基地、专业队伍、科学研究、信息共享、生态布局、保障系统等，通过示范带动、重点扶持、政策引导，使体育优质资源得到加强，带动整体体育专业条件的明显改善，全面系统地提高体育专业水平。

体育专业的内涵发展与改革，必须遵循体育教育发展的规律，在专业发展规模、速度上应当避免大起大落，努力做到持续、稳定、协调、生态发展。体育专业的发展必须与区域经济和体育发展、社会发展相协调，才能有效实现专业的现代化生态发展。为此，今后应着重考虑根据本地区的经济支撑能力、体育产业发展需求、就业条件、专业亮点等，对体育专业发展的速度、层次和生态位、生态空间作出恰当的选择与规定，形成多样化、特色化、层次化的体育专业生态体系。

目前体育院校所开设的专业较多，结构性调整需要有加有减、有预选方案，对就业状况不太好、专业生态拥挤的专业可隔年招生或控制招生人数与质量。专家提出对区域内专业布点数超过30%的实行严格控制，加强对体育管理类（公共管理类）、文学类、艺术类、新闻传播学类招生规模的控制。同时采取积极的鼓励政策引导体育院校对接战略性体育产业，围绕新技术、新方法、康复医疗、体育材料、体育健康、体育信息产业进行专业设置的对接与建设，进行课程整合，使教学内容柔性化，为体育产业、创新提供人才和智力支持。

（二）设置与布局必须分类，明确执行生态位标准

在专业布局及结构调整、内涵建设中，需要对不同类型体育院校的专业进行分类规划、生态定位、分类指导、分类管理（有的是教学型、有的是研究型、有的是技能型、有的是综合型），通过行之有效的专业层次分类指导标准和评估办法，对不同类型院校的专业定位进行深入研究，制定专业的生态位、生态空间的分类指导的标准和质量评估指标体系。对专业质量的评价多数建立在多样化的生态平衡规模与生态层次指标上，评估指标与结果直接指导专业布局、生态分类的真正实施，引导专业思路清晰、发展目标定位逐渐科学。政府应根据科学的管理办法、评审设置标准及规范程序对专业设置及布局进行合理科学调整，从专业办学及专业管理的角度对不同学校专业提出不同的生态位目标和要求，做到对各体育专业按类别要求、分类指导与分类管理，从而使得体育专业的发展能较好适应本区域经济发展、体育发展的要求，进一步提升重点专业为地区经济、社会、体育、文化发展服务的能力。

体育专业内涵与结构调整为创新型人才培养提供了宽阔的载体，进一步拓展了体育人才发展的生态空间。专业口径的不断拓宽，专业方向的灵活多样，"辅修专业"不断增开，"双学位"专业的广泛拓展。充分体现体育为社

会服务的宗旨，抓紧体育就业的导向，坚持产学研训四结合，实行"双证""订单合同"多种培养形式，抓紧项目导向，师生亲身顶岗实习、实训，增强师生体育实践创新能力、团队协作能力，提高专业质量。

推迟学生体育专业与专项选择的时间，减少学生专业选择与学习的模糊性、盲从性。解决专业选择的灰色甚至是黑色问题，除提供全面和准确的信息供家长和学生参考外，还要允许与推迟学生专业选择的时间，实现可试验、可分流、分方向培养。帮助学生提高专业选择与专业热情的合理性，降低自身专业设置的风险，通过体育专业的竞争机制，促进专业的生态合理性，有效地完成优胜劣汰。

第四节 高校体育健康教育的可持续

一、体育专业生态系统的认知

从生态系统看，体育专业可持续发展必须考虑专业系统的平衡问题。体育专业生态简单地说，就是所有体育专业的生存状态（生态空间、生态位、生态势等）及它们彼此之间与环境之间环环相扣的比例及关系。一是体育专业的生存状态，二是该专业与其他相近专业、同质专业及与环境的关系状态。

体育专业生态环境是教育环境的一种，是学校环境的基础，是"由体育专业各种生态关系所组成的不同环境"（如一个院系、一所学校、区域专业、同质化专业、虚拟网络专业）组成的专业师生生态关系，影响人们生活质量提高、生命档次提升的各种综合力量（物质、信息能量流），包括人工环境、功能作用的总和。原来是体育课、体质课，现在改变成为体育与健康课，其生存空间与综合力量及功能作用发生了很大变化，体育与健康的出现拓展了体育的生存空间，但是需要进一步在实践中真正占领这一生态领域，拓展新的生态位与势。体育专业生态系统是由专业各要素群与体育、教育、社会环境互动的整体，是体育专业与专业人等各种元素在特定空间有机的、和谐的组合。

体育专业生态系统是一个开放的、动态的平衡系统，这是专业生态系统内外部长期竞争、适应、调整的结果。限制体育专业发展的因素有许多，在众多的专业环境因素中，任何接近或超过体育专业的承载负荷、耐受极限，可能阻止体育专业继续生存、生长、发育或扩散、完善、提升、可持续发展的因素，均需要研究并加以排除。

基于生态学的基本理论，我们建设各层次、各类型体育专业生态圈，围绕圈内各组成要素，加强彼此协调、平衡、竞争，促进整个体育专业生态圈的共存共享与协同发展，围绕协调沟通，达到平衡共享，不要人为地削弱某一要素导致生态系统的失衡（如一味地扩大体育教育专业的招生，或者大部分学生选择网球专业）。把握体育专业生态建设的核心就是坚持和谐、协调、平衡、共生与可持续发展。

体育专业生态系统反映了体育专业生存与发展内外环境中的种种关系及状态，是影响体育专业生存、发展的多重因素及其相互作用的总和。其内外环境有围绕体育比赛与专业技能主题进行的，也有体育文化学习的主题。其核心要素主要包括三个方面：一是体育专业的投入（人才投入、经费投入、科技投入、文化投入、专业建设投入等）。二是体育专业的组织管理与统筹（体制、机制、人才、财物、信息、情报、布局与共享）等。三是体育人才与专业质量的输出（体育人才的质量与档次、体育专业的社会影响力、体育专业的经济效益、专业获得的金牌、社会生态中的地位等）关系，主要是指体育专业的内外协调、平衡与同质专业共生共享。

开放的体育专业生态系统其内部各个要素及与外界环境系统在特定的区域、空间的组合，除了专业内部子系统（各组成部分）间存在着物质、信息、能量交流外，还与其外部环境进行物质、信息、能量的交换，维持着生态系统的运转，这是一个动态的平衡，专业各个部分长期相互适应的结果，其结构与功能保持相对的稳定性。专业人才的培养、体育文化的传播等的输入或输出基本上与之相符，维持动态的平衡；在专业生态圈或者整个专业生态链上的生态主体（包括管理者、教师队伍、运动员、裁判员、教练员、观众、学生、家长和广泛的人民）之间的数量关系，如师生比、人均占有、人均资源等合理合法且相对稳定；在体育专业生态圈中所有生态主体生存的空间与位置，特别是人均占有场馆、人均占有师资、教材、教学内容与教学资源的面积与质量，是否与专业的生态位相匹配。

体育专业生态限制因素，是指专业发展中某一因素的无限扩充带来的变化，引起一系列的冲突与矛盾。如无限制地扩招学生，却无法找到生存的空间，无法就业；更名大学需要满足师生比、博士、教授，大量引进与招聘，大量人员闲置，又如大量的学生选修同一专业，扎堆，造成市场拥挤与人才浪费。这些事件都能导致系统的运行结果不同，打破了生态平衡，从而影响生态空间与生态承载力，导致专业的生态位下降。体育专业的生态核心需要促使体育专业内外环境的各种因素的相互协调、动态平衡、共生和谐。

二、构建专业可持续发展生态系统

构建专业生态系统，是实现专业发展的必要条件，也是体育专业可持续发展的必然要求。整个体育生态系统的核心是"比赛、竞技"，因此体育专业的建设也不能脱离"体"，组建专业多维生态空间，发展上下、左右、内外三个维度。上下主要是指专业的主管部门上下级管理与考评机构；左右主要是同类院校、同类体育专业的竞争、协调关系；内外主要是指专业本身内部关系以及与其他专业及社会生态等的关系。围绕比赛与表演形成了专业发展的许多环境与子系统。

体育专业生态系统的内部结构都是围绕专业的活力来进行的，专业核心竞争力离不开专业能力，离不开体育的根本属性，在比赛与表演中不断提高与创新。

专业核心因素需要人力资源的投入与开发、经费的投入与效益、经费来源的开辟与使用、科技投入与专业智力资源的发掘、文化投入与专业技能、竞赛水平的建设，也包括对专业的管理与建设，专业的队伍、专业的财力、专业的教学资源及软环境的管理；另外就是专业的建设成效，其生态位的提升，生态承载力的提高，生态空间的拓展，专业产出的效益，都有利于为专业生态系统建设注入新的活力。

体育专业的投入，专业人力资源的投入与开发是非常重要的，好的专业队伍才能创造好的专业生态位与生态空间，才会形成专业良好的循环系统。专业人才队伍包括教师队伍，包括高职称、高学位、高层次的人员及比例；专业优秀人才的选择与培养，包括优秀教练员与裁判员、实验员、场馆工作人员。

专业的经费投入和经费渠道的开辟变得越来越重要，专业的建设离不开经费的支撑。过去有些专业只重申报不重建设，有些专业无钱建设，有些专业无师资队伍与人才。现在专业有钱了，新的问题又出现了，有些专业的钱无法使用，或者用不到点子上，如只仅限出差使用。

专业科研投入与专业智力投入要不断地挖掘潜力。专业生态位不仅仅是综合实力的反映，更是科技的较量，专业质量不断提升、竞技能力不断提高，这离不开体育科技的功劳。专业技术的进步与创新，新技术的发掘与使用都离不开科研工作。专业的生态位更是在科技的支持下获得更高的地位与空间。

体育专业文化建设也十分重要，文化气氛潜移默化。正如奥林匹克文化，博大精深，世界人民共同拥有，社会学家、教育家、文学家、体育家都在不断探索创新。文化的投入是信息的不断交流与使用，专业需要文化的创造力才有新的发展空间。保健体育、宣传生态体育、体育专业，形成良好的文化氛围。把"和平、友谊、进步、发展、绿色、科技"等主题融合进体育专业，融入文化的圈子，提倡"更快、更高、更强""更干净、更团结、更人性""更健康"等精髓引导人们追求并积极投身于体育活动，使得运动成为健康生活的组成部分，提高生活的乐趣，享受生命的质量，实现自己美好的人生。

要重视体育专业的产出效益，过去专业办好办坏没人承担责任，也没有这个义务。体育专业生态位的提升有较大的影响与社会价值，因此实施体育专业生态系统工程需要有激励专业队伍的拼搏精神，激发内在体育需求，吸引生态主体的师生共同参与进来；通过专业促进本地区教育生态与社会生态的发展，通过体育专业生态系统排解生态成员的不良心情；凸显专业魅力和综合实力。

现代体育专业强调生态的应用性、实用性，往往与体育爱好者产业紧密结合起来，运作得好会带来很大的收益，如网球、羽毛球、乒乓球现在都有较大的市场，相关的产业也得到了较大的发展。

体育专业的生态管理工作离不开人的管理，而人的管理又涉及许多方面，如专业队伍、运动员、教练员、裁判员的管理，教学生态又离不开学生生态这一主体，比赛会牵涉到观众与场馆的管理。这几个方面处于同一生态系统中，均在一条生态链上，相互依存，协调共生。体育专业的财务预算越来越重要了，显示出财务管理的重要性，加强预先规划与计划性，将国有体育资产的管理提到议事日程上来。场馆、设备、器材、运动装备的管理也越来越科学、合理，其绿色环保、舒适大方的优点越来越凸显，体现出更加健康、更加生态、更加人性的特色。体育专业软环境良好的运行机制、完善的制度、相关的文件，能保证专业在良好生态环境中健康成长。

体育专业的外部系统主要有两个层次：其一是各个体育院校专业之间平等子系统的相互共生、共长的平等关系网；其二是纵向交织的专业网络，涉及相关的其他专业、文化、科技等方面的影响与制约。

在第一层环境中，各体育院校体育专业都是大体育生态环境中的子系统，是平等的、自成体系的生态系统，又互为环境，相互影响、相互竞争、相互制约，专业招生的生源、专业队伍的争抢、人才就业机会的竞争等。各体育院校的体育专业生态位的竞争更加激烈。如体育教育专业培养什么样的人，适应什么样的生态空间，体育院校有体育教育专业、师范院校有体育教育专业、其他一般院校现在也有了体育教育专业，没有生态位的划分，乱糟糟的，没有区分。过去师范院校主要培养中小学体育教师，体育院校以大学教师和教练员等高级人员为主，现在打破常规了，就业渠道是宽了，但有无资历、有无相应的培训变得不太重要，一考定终身，关系出前途。学得好与坏不影响就业，专业能力强还是弱不影响前途。教师资格证从某一层面上体现了生态位，你能拿到小学资格证只能在小学从事教学工作，在一定程度上体现了教师生态位的选择与适应。教育主管部门应该牵头继续完善相应的生态位的确认，给体育专业定位，你能培养哪一个生态位的人才，你能从事哪一级别的人才培养，没有达到级别不得从事相关工作等问题。

体育专业的生态系统必须与社会生态系统紧密相连，无论哪个专业，离开了社会的支持，没有人参与、欣赏、肯定、赞助，专业就失去了存在的价值。无论哪个专业，没有社会的群众性支持，没有生源喜欢，没有家长选择，肯定不能长久生存与发展。同样，专业人才不能就业，找不到工作，学无所用、学无所长、学有浪费，对专业同样是致命的打击，不能长久生存，也谈不上可持续发展。生态系统中包括许多生态主体，有教师、学生、家长和观众，他们扮演的角色也不同，可能是学生，也可能是运动员、教练员、裁判员、队医、心理师、康复专家、新闻工作者等，都会有利益的追求，专业的成功与社会影响对他们都有至关重要的影响与帮助，更能帮助他们实现各自的价值与人生目标。

社会生态对体育专业的影响也是不容小觑的。社会的政治、经济、文化与对专业的认识评价都对体育的发展起着十分重要的作用。体育专业通过实践活动把不同肤色、不同种族、不同性别的人都聚集在一起，进行体育运动,从事体育工作,这些都离不开专业人员的指导与帮助,专人专事对专业的发展有着直接的推动作用。体育的政治魅力是非常大的,无论哪一个国家都高度重视发展体育,因此体育专业的发展有着良好的社会大环境。当前社会体育发展正在不断掀起高潮,参与指导与帮助的人更多,体育专业的发展使得高层次人才的培养变得更加重要。经济发展对体育专业的作用不言而喻,文化科技对体育专业的影响如今也越来越关键,体育专业的标志性成果、专业的影响、专业的核心竞争都与科技文化实力高度相关。体育专业本身也离不开文化的支撑作用,没有文化的支撑,其生命力不会长久,太极运动正是有了千百年的传统文化做基础,才能得到老百姓的喜爱与支持,没有文化做基础的运动只能流行一时,却不能流行一世。奥林匹克运动是体育的运动,也是一个大的教育活动,更是一场盛大的文化运动,无论是开幕式还是闭幕式,整个过程都是世界文化、特别是本国文化的展示与宣传,各国文化在同一舞台交流、融合、取长补短。

三、体育院校专业生态可持续发展策略

调整专业内部结构,组建新的生命系统,内因是变化的根本。体育专业更好的生存发展需要首先解决体育专业生态系统结构。内部结构与关系是其"生命系统"。生命系统本身出了问题,外部系统再好也无济于事。如运动训练专业招收了大量的二级运动员,其中很多证书是假面具,上不了台面,他们面临的难题就比较多,如何适应专业生态的要求与社会生态的要求就有了较大的困难。优秀运动员的出口问题没有得到妥善的解决,后顾之忧没解决好,后备人才跟不上来,运动训练与竞赛组织就无法进行。人、财、物、信息、能量都存在一个结构,需要合理的研究与分配,激发大多数人的动力与创造性。

理顺外部环境关系,优化体育专业发展空间,外因是专业发展的条件。维护好其"环境系统"这一外部生态园,能促进专业的健康成长。

要大力抓好体育专业的生源,生源质量的好坏直接影响人才质量和专业的生命力。通过招生方向来引导生态主体进一步重视专业的建构,专业方向的引导对学生与家长来说都是十分重要的,关系到学生未来的选择与从事的工作,甚至影响到他们一辈子的事业。当然专业的生态建设不是一蹴而就

的，它是一个系统的工程，需要多方面的配合、协调与支持。比如说所在专业毕业后的校友赞助与捐助等，对专业发展有着十分重要的作用。

体育专业生态系统是由生命系统（内部结构）与环境系统（外部结构）构成的一个多因素、多层次、多维度的复杂系统。时空有序、相互交织，在特定的生态空间有机地组合在一起，始终保持体育专业生态系统的动态平衡，适时调整专业结构，可激发出发展动力；优化专业外部环境，从而促进体育专业生态系统的协调平衡与共生发展。

参考文献

[1] 朱惠平,朱有生,张爱军.贫困地区农村学校体育教学现状及发展对策研究——以甘肃省为例[J].湖州师范学院学报,2015(12):9-14.

[2] 李泊.对陕西省普通高等学校专业结构调整和专业建设的思考[J].陕西师范大学学报(哲学社会科学版),2007(专):96-100.

[3] 曹军勇,李晓艳.创业教育观对社会体育专业课程体系改革的启示[J].湖北体育科技,2006(4):386-387.

[4] 程杰,龚健,王安."社会体育"专业方向设计与课程设置[J].煤炭高等教育,2002(6):93-94.

[5] 郝小刚,高雪梅.社会体育指导与管理专业人才培养定位与社会需求的对比研究[J].辽宁体育科技,2014(6):11-14.

[6] 张堰玲,许传宝.我国体育产业的现状、问题及发展对策研究[J].第18届中国国际体育用品博览会体育产业与体育用品业发展论坛文集,2006.

[7] 陈雪娟,牛小洪.我国健身市场人才需求与社会体育专业人才培养的问题研究[J].体育与科学,2014(4):60-83.

[8] 冷沈光,戴晓光.地方高校师资队伍断层原因及对策——浅谈破格晋升优秀中青年教师[J].沈阳大学学报,1993(1):16-19.

[9] 崇文职工大学.积极探索不断实践提高教育教学质量[J].北京教育(高教),2011(2):76-79.

[10] 罗布江村,赵心愚.和合偕习传薪火自信自强创辉煌——写在西南民族大学建校六十周年之际[J].西南民族大学学报(人文社会科学版),2011(6):1-6.

[11] 康鹏宇,韩洁.浅析高校体育生就业困难的原因和对策[J].教育教学论坛,2014(35):173.

[12] 崔平生.试论高校教学评估与档案工作的互动作用[J].太原理工大

学学报（社会科学版），2006（S1）：66-67.

[13] 西南科技大学．西南科技大学本科教学工作水平评估指南［J］．西南科技大学高教研究，2005（1）：12-15.

[14] 赵复查．地方高校"平台+模块"人才培养方案的探索［J］．内蒙古师范大学学报（教育科学版），2007（3）：11-14.

[15] 薛健．中国体育产业万亿投资盛宴启幕［J］．中国战略新兴产业，2015（15）：78-81.

[16] 姜亮亮．高等体育院校产学研发展现状及结合方式探究——以上海体育学院为例［J］．运动，2015（125）：58-60.

[17] 邵凯，董传升．改革背景下我国体育事业发展的公共价值回转——基于3个关键事件的解读［J］．南京体育学院学报（社会科学版），2015（3）：43-49.

[18] 戴乾振，丁天振，黄子涵，等．中国武术搏击赛事发展前景研究［J］．教育教学论坛，2015（37）：135-136.

[19] 周学政．基于系统科学视野的体育产业发展复杂性分析［J］．创新，2015（5）：32-36.

[20] 朱亚成．体育产业新政背景下的中国体育产业发展对策［J］．武汉生物工程学院学报，2016（1）：48-52.

[21] 高峰．下一个掘金的领域：体育产业［J］．广东经济，2014（10）：46-47.

[22] 刘汉玲．高校体育设施服务全民体育的现状分析——结合南通市部分高校的场馆开放情况［J］．文体用品与科技，2015（12）：25-26.

[23] 体育总局．将发展体育产业、拉动消费作为新目标［J］．搏击（体育论坛），2015（09）：卷首语．

[24] 盘劲呈．"The Color Run"全球市场推广研究及启示——之二：体育赛事整合营销推广［J］．运动，2015（119）：129-130.

[25] 张彦斌，郭娇．抓整改，促进体育专业就业的发展研究［J］．湖南科技学院学报，2016（5）：163-164.

[26] 中国体育产业开启黄金时代［J］．体育博览，2014（12）：卷首语．

[27] 王丽旭．浅析我国体育产业的发展［J］．智富时代，2014（7）：27-28.

［28］陈海平，何姿颖. 高校体育赛事市场开发研究［J］. 湖北函授大学学报，2015（5）：19-20.

［29］潘静伟. 当前我国体育产业发展的初浅研究［J］. 辽宁行政学院学报，2015（9）：45-49.

［30］叶鉴铭，破解高职校企合作"五大瓶颈"的路径与策略——杭州职业技术学院"校企共同体"建设的实践［J］. 中国高教研究，2014（12）：72-74.